生活需要
仪式感

宋犀堃

———

编著

成都地图出版社

图书在版编目（CIP）数据

生活需要仪式感／宋犀堃编著. -- 成都：成都地图
出版社，2019.4
ISBN 978-7-5557-1158-2

Ⅰ．①生… Ⅱ．①宋… Ⅲ．①生活方式 – 通俗读物
Ⅳ．①C913.3-49

中国版本图书馆 CIP 数据核字（2019）第 064032 号

生活需要仪式感
SHENGHUO XUYAO YISHIGAN

编　　著：宋犀堃
责任编辑：游世龙
封面设计：松　雪
出版发行：成都地图出版社
地　　址：成都市龙泉驿区建设路 2 号
邮政编码：610100
电　　话：028-84884827　028-84884826（营销部）
传　　真：028-84884820
印　　刷：北京楠萍印刷有限公司
开　　本：880mm×1270mm　1/32
印　　张：8
字　　数：170 千字
版　　次：2019 年 4 月第 1 版
印　　次：2019 年 4 月第 1 次印刷
定　　价：36.00 元
书　　号：ISBN 978-7-5557-1158-2

前　言

　　仪式感是什么？ 是矫情？ 是做作？ 不！ 仪式感是一种生活态度，这种态度，会让你活的更高级。

　　所谓仪式感，就是在日复一日循环的日子中，让某一天、某一个时刻，变得和其他的日子不一样。

　　电影《小王子》里，小狐狸对小王子说了这么一段话："如果你说你下午四点钟来，从三点钟开始，我就开始感觉很快乐，时间越临近，我就越来越感到快乐。 到了四点钟的时候，我就会坐立不安，我发现了幸福的价值，但是如果你随便什么时候来，我就不知道在什么时候准备好迎接你的心情了。 要有一定的仪式。"

　　生活需要仪式感，这跟矫情无关，而是关于你对生活的热爱，对幸福的敏感，乃至有时候它是一种结束，也是新的开始。

　　我认为每个人都是需要仪式感的，一个人也要好好的喝茶，遇到节日也要好好的纪念庆祝，约会纪念日，登记纪念日，生日等等，虽然被这些节日搞的晕头转向，但我一定不会漠视忽视它。 我想我们对生活的付出与热爱值得我们去用这样的庄重的对待自己。

因为缺乏必要的仪式感，生命中一些特别的东西，美好的一瞬间就这样的消逝了，错过了。 心不在焉的生活，自然就没有美好瞬间的这种东西——不能够享受当下，又哪来的美好回忆？

民国才女林徽因，每次在夜晚作诗时，都会沐浴焚香，一盏茶，一把琴，一本线装书。 正是她有简单又别致的仪式感，所以即使后来她的孩子在艰苦的条件下成长，也依旧保持着对美好生活的向往。

女神奥黛丽赫本，在电影《蒂凡尼的早晨》里，总是妆容精致，穿着美丽的小黑裙，她站在橱窗边优雅的喝着咖啡的样子，怎一个美字了得？

像王小波说的：一个人只拥有此生此世是不够的，他还应该拥有诗意的世界。 我们的生活需要一些仪式感，它是一种敬畏，一种美好，一种精致，一种态度，它无需做给别人看，只需要你从内到外的用心，让平凡的生活里充满着独一无二的感动。

生活需要仪式感，需要的不仅仅是仪式，更多需要的是放慢你的脚步，驻步停留观看身边的环境与事物，你会发现这个世界原来这般美好。

2019 年 3 月

目　录
CONTENTS

1

PART 1

生活中的仪式感，让你发现尘世的美

穿一条长裙，走一条长长的小巷

戴望舒的一首《雨巷》曾经勾起过无数人对于那条悠长雨巷的诗意想象，还有那个丁香一样的结着愁怨的姑娘，独自撑着油纸伞在雨中漫步的寂寥身影，是那么让人魂牵梦萦。

而现在的你不需要结着愁怨，只需要悠悠地漫步在那"悠长、悠长又寂寥的雨巷"，就会融化在诗人戴望舒所营造的浪漫唯美的意境里了。

诗人是惆怅的，总是在泪眼蒙眬中欣赏着这个风情万种的世界和自己莫名的哀愁。而在繁忙的现代生活中庸庸碌碌了太久的我们，似乎失去了发现美的眼睛，失去了品味浪漫的味蕾，也忘记了欣赏这个世界和自己的美。

在钢筋水泥的世界蜷缩得太久，是时候走出去，让自己的身体和心灵都伸个懒腰，重新激发那有些麻木的神经以敏锐和快慰。这是一次心灵的旅行，带着古典的意境。

2007 年春节联欢晚会上有这样一个节目——古典舞蹈《小城雨巷》，观看后你是否也想营造一段属于自己的雨巷情怀？

　　青石板铺成的巷道，两旁是白墙黛瓦的古典民居，一个宛如水墨画中的江南女子撑着油纸伞盈步轻挪，在细如发丝的绵绵雨中演绎着一个让人如痴如醉的梦。

　　这一次，你将成为梦中的主角！买一条质地舒适的裙子，当你穿上它的那一刻，你就自然而然地卸下了心里所有的防备，返璞归真，仿佛回到了最初的自己。然后，轻轻地走出门去，步入那绵绵细雨中。"淅淅沥沥"的小雨如泣如诉，原来天地间还有如此不伤人的情谊，它需要的只是你的倾听而已。一步一步走进那条"悠长、悠长又寂寥的雨巷"，撑着伞，慢慢地走着，没有时间的追赶，没有工作的重压，你只是静静地走在浪漫里，走在自己的心里。要知道，在这世界上独一无二的你，有着这个世界独一无二的美。

　　你欣赏着雨巷里的风景，巷子口欣赏风景的人欣赏着你。

学几道拿手小菜，享受烹饪之乐

热气腾腾的饭菜端上桌儿，一个家才有了烟火味儿，也才有了幸福的味道。 在这个快餐时代，虽然外卖随处可叫，家里根本不用开火，但为了享受这难得的烟火味儿，这里我们还是建议大家学会做几样拿手小菜，在满足自己味蕾欲望的同时，也享受烹饪的乐趣。

以前的女性被禁锢在家里，每天除了围着锅碗瓢盆转外，还不得不忍受丈夫不平等的对待，更不要奢谈什么自我提升的时间和机会。 于是当法国最早出现女权主义运动的时候，全世界的女性开始躁动了，她们跃跃欲试地想要挣脱男女不平等的枷锁，要争得女性做人的尊严和荣誉。 当女性开始融入社会生活的时候，确实对人类的发展做出了很多伟大的贡献，比如：居里夫人在化学领域取得的杰出成就；西蒙娜·德·波伏娃创作出改变女性命运的《第二性》，被法国前总统密特朗称为"法国和全世界的最杰出作家"。 也许这些才是女权主义的真正含义，就是要取得和男性平等的发展机会，以女性的智慧为人类文明做出贡献。

可是，我们其中有不少人误读了女权主义。她们认为，具有女权思想的女性不应该再那么莺声细语地温柔说话，不应该还围着围裙在厨房里做饭，不应该受到孩子的拖累而失去自我享受的时间和空间。可以说，对女权主义的误读，让很多女性失去了做女人的快乐。比如，失去了在厨房里为亲人、爱人和朋友做饭的乐趣。

我们应该知道，做饭并不是男性压迫女性的产物，而是女性表达爱意、维持家庭和睦的方法。当丈夫辛苦工作一天后拖着沉重的步子回到家，满屋子饭菜的香气能够为他拂去心里的疲惫；当孩子放学回来后，一桌子好菜能够帮助他减缓学习的压力；当节假日回家去看望年迈的父母，你亲手捧上的佳肴其实是他们晚年生活的安慰。

当然，也有很多男性抱着大男子主义的心理，觉得自己做饭是一件很没有面子的事情。其实，做饭与男性尊严并没有实际联系。你学会做几样拿手小菜，时不时给身边的人尝尝，她会在每一道菜里感受到你浓浓的爱意，幸福就这样悄然降临。

学会做几道拿手菜，在给他人带来幸福的同时，还能让自己体会到烹饪的乐趣。有时，幸福就是这么简单，不是吗？

和某个人一起，随着老歌追忆过去

打开一首曾经共同听过的歌，和一个人静静地去品味那熟悉的旋律，寻找当时的心情。这是一种难得的享受，也是彼此心灵相通的美好印记。

重温昔日的美好点滴，心系一份美丽的心情，细细品味，品味那一瞬间的感动，品味那一刹那的惊喜，品味那铭心的痛、那苦涩的忧虑、那开心的笑，那是种难得的惬意。你们可以谈着当年的故事，在交谈中缅怀旧时的自己，你们可能会互相笑话对方当年的幼稚，抑或者为当年白白错过一段恋爱而惋惜，不管怎样，眼前的你们还是一路走来了，笑过感慨过之后可能就是沉默，珍惜你们眼前情谊的一份信念油然而生。

如果是那天和你共同经历某件事的人，你们共同回忆那天的场景，你一言我一语，共同描述当时的情节，然后说说当时自己的心情，以及现在的感受。也许最重要的是在回忆中你们有什么样的启示和感悟，回忆并不是仅仅停留在过去的某一点，回忆是为了怀念，更是为了前进。

这样回忆的过程会让你们找到感情的轨迹，感情也会在这种回忆中慢慢沉淀，甚至升华。

当然如果和你听歌的人，本来和你没有什么共同的回忆，过去的时间里彼此还没有在对方的生命里出现过；那么，你们可以约定一个过去的时间，各自回想一下那个时间你们都在做什么。这样回忆的过程也会很有趣，也许你们做过类似的事情，然后会感叹缘分的奇妙；也许你们在做非常迥异的事情，你们也可以从对方的人生轨迹中感叹生活的瞬息万变，你们能从相互的往事中收获启示。

也许在回忆时，我们才会因为时间距离的玄妙而把当时看得更清楚，那些过去的喜怒哀乐，也在回忆中有了温厚的质感和柔和的色彩。这或许就是回忆的魅力吧？

用心等待和观察花朵的一次美丽绽放

　　"爱上一个认真的消遣，用一朵花开的时间。"林夕的词写出了花开得像诗一样美妙。 每年春天一到，我们就可以看到满世界的花，瞬间开出五彩的颜色来。 到了冬天，一切便又似乎突然消逝了，不留一点痕迹，那之前的生气勃勃就被渐渐遗忘了。 一棵开花植物的存在，似乎就为了那么一瞬间的开放，然后消亡。 正所谓"花开易见，花落难寻"，生命的过程何等短暂，绽放的瞬间却是何等绚烂，殊不知这背后力量之厚重。

　　盛放一次、凋落一次，中间的过程就那么长，但生命的每一次存在都因付出了巨大的努力，最终方可开出绚烂的花。日照之下忍受炎热，暴雨之中忍受击打，生命在任何恶劣的环境之中破茧而出，这怎不令人敬畏呢？ 如果你的生命只有那么短短几十天，你是不是也会拼命抓住最后的机会去尽情绽放呢？

　　找一朵春天开的花，看看寒冬过后，它是如何看着融冰，听着暖风的声音，一点一点，挣脱冬的冰封；找一朵冬天开的花，看看在漫天大雪中，它是如何和着呼啸的风声，伴着惨白的大地，一日一日，开出雪地里最鲜艳的颜色。

快节奏的生活中，我们不经意抬头，看见枝丫上又悬上了新的颜色，可以欣喜地享受着这自然的慷慨馈赠。也可以买上一盆花，摆在阳台上，等它开花，看它凋谢，然后等第二个花期的到来。看到枝丫上的花，圈上日期，来年的这个时候，等着，一天一天经过的时候，看看它的变化、它的成长。阳台上的花，等下个花期到来的时候，每天起床后，蹲在它面前小心观察，守着它从花苞渐渐盛开。

当然，如果你爱花，何妨熬上一夜，看看昙花一现的情状，听听那短暂生命的声音。越是短暂的生命，越是厚积薄发，将无尽芳华留予那真正的一瞬间，稍后便逝，如同从未盛开过一样。想必，那绽放的过程，就是动人心魂吧？

所谓生命的厚重感看似轻飘不定、转瞬即逝，实则一切力量，皆会聚在那一瞬，只盛放一次，就足够绚烂。让我们静候一朵花开的时刻，去见证这种生命绽放的灿烂。

开怀畅饮一次，体验醉酒的感觉

在人类的历史上，很少有一种食品可以单独上升到文化的形式的，唯独酒成了一种文化。 人类围绕酒而创作的文学艺术作品不计其数，包括酿酒本身，以及酒具的制作，也都成为永恒的艺术形式。

诗仙李白一生好酒，每逢作诗必要喝酒，他有一首《将进酒》，将浓浓酒情与人生感慨融合成了一曲千古绝唱。

君不见，黄河之水天上来，奔流到海不复回。

君不见，高堂明镜悲白发，朝如青丝暮成雪！

人生得意须尽欢，莫使金樽空对月。

天生我材必有用，千金散尽还复来。

烹羊宰牛且为乐，会须一饮三百杯。

岑夫子，丹丘生，将进酒，君莫停。

与君歌一曲，请君为我倾耳听。

钟鼓馔玉不足贵，但愿长醉不复醒。

古来圣贤皆寂寞，惟有饮者留其名！

陈王昔时宴平乐，斗酒十千恣欢谑。

主人何为言少钱，径须沽取对君酌。

五花马，千金裘，呼儿将出换美酒，与尔同销万古愁！

作家周作人对酒有独到的见解：

"喝酒的趣味在什么地方？这个我恐怕有点说不明白。有人说，酒的乐趣是在醉后的陶然的境界。但我不很了解这个境界是怎样的，因为我自饮酒以来似乎不大陶然过，不知怎的我的醉大抵都只是生理的，而不是精神的陶醉。所以照我说来，酒的趣味只是在饮的时候，我想快乐大抵在做的这一刹那，倘若说是陶醉，那也当是杯在口的一刻罢了。醉了，困倦了，或者应当休息一会儿，也是很安舒的，却未必能说酒的真趣……"

谁都知道，酒能起到麻醉的作用。喝酒，就冲着微醉时那种美妙的感觉。人类对一些轻微的刺激一向很有兴趣，比如烟草和咖啡，以及包括食盐、胡椒、醋等等在内的调味品，还有现在大行其道的可乐饮料，在本质上都不是为了给人体提供营养，而是为了让人们的生活过得更有滋味而已。

然而，过量的饮酒会带来许多不良的后果，既损害身体，又耽误事情，还影响风度。我们耳闻目睹过许多酒后乱性的故事，当事人酒醒后，往往不知道自己当时是多么愚蠢，甚至不知道说了什么、做了什么，不过他还得为自己非理智状态的行为负责。

　　还有一些意志力比较薄弱者，或者精神受了严重打击的人，他们迷恋酒醉的感觉，不惜天天酩酊大醉。酒精让他们天天生活在虚幻当中，失去生活的勇气和意志，人们习惯称之为"酒鬼"。这个名字非常恰当，因为他们的确生活在地狱里。

到现场看一场体育比赛，感受激情

　　如果你喜欢体育运动，那么有自己喜欢的赛事，千万不要错过，最好能买到一个比较好的座位的票。 在现场看和看电视不同，我们看电视转播，不是用自己的肉眼直接接收视觉信息，而是接受通过电视媒体工作人员(如摄像师)用摄像机拍摄并且做过技术处理的画面。 在转播中镜头语言会传递一些在现场看不到的信息。 比如，电视镜头往往爱对准体育明星和比赛的成功者，宣扬一种表彰成就、崇尚胜利的情绪。看电视的过程中，传递视觉与传递听觉信息的符号相伴而来，后者以记者和主持人的解说、评价为主，传递的是一种观点信息。 这样的"捆绑"传播使得电视观众在接收视觉信息的同时自然而然地接受了电视媒体的观点。 因此，"电视不仅将体育比赛本身送进我们家里，它还借运动为符码，和观众做有关个人与文化价值的交谈"。

　　在现场看就不一样了，在现场观看的观众从某种意义上说就是比赛的"参与者"。 而通过电视观看比赛则始终是

"旁观人"。 所以戏剧理论认为, 作为一种剧场艺术, 戏剧受到时间和空间的限制, 戏剧演员和观众处在同一现实空间之中, 互相之间能够真切现实地感受到对方生命的跃动、怎样创造、如何做出反应。 两者共同影响着舞台的创作。 你会与另外一个与你有着相同爱好或感受的人坐在一起, 感受这场比赛的激烈和激情, 你们因此还会展开一番讨论, 这无不属于生活中的激情, 没准儿你们还会因此成为至交, 这也许就是人们指的"缘分"一说。

显然体育比赛和戏剧表演在这一点上有相似之处, 在现场特定的空间中, 无数观众处于相同的地位, 就像戏剧表演时的观众一样, 他们看到的、想到的是一样的比赛, 尽管他们可能想的细节不同, 但是这个庞大的群体聚集在一起, 就形成了一个集群, 促成一种气氛的形成, 就好像营造了一个"情绪场"。 心理学理论认为, 在这种集结大型开放人群的运动会会场, 常常出现"感染"现象。 这种现象的一个重要特点是"循环反应", 即一个人的情绪可以引起他人相应的情绪发生, 而他人的情绪反过来加剧这个人的情绪, 整合成一个有效的群体。 这大概就是为什么到了现场, 许多人就会比在电视前观看更加投入、情绪波动更加剧烈的原因。 这样投入的积极的接受心理势必会使观众对比赛现场的观看更加投入, 更有助于视觉信息的获取和接收。

到现场观看比赛还是坐在家里看电视, 实际上两种方式无好坏之分。 因为它们各自面对着不同的观众。 但是对于经常坐在家里看电视的你来说, 去现场感受一下体育比赛的紧张和狂野, 是个释放激情的最好方式。

在海边露营一次，偎着大海入眠

"瞧，人类有多贪心，来一趟海边却想捎走一个大海，可谁不是期望自己的视野里，总是满目葱茏一脉青黛？"汪国真曾深情地诉说。"面朝大海，春暖花开"，飞翔的海子也把尘世的幸福送给每一个人，自己却将一颗心付诸大海。海誓山盟、海枯石烂、海阔天空，海是诗的故乡，海是梦的源泉。每个人的心中都有自己的一片海。

然而，看海在今天快节奏的生活里显得非常奢侈，即使我们有着看海的心情，却总是在不停地寻找看海的时间，以至于一拖再拖。时间不挤永远也没有，何不在百忙中找一个晚上，带着帐篷去海边，倾听着海涛之声入眠？这样既不用担心花费太多的时间，也可以拥有悠闲的心情去听海。

当我们的身体贴着细细的沙粒，当我们的耳朵听着海涛之声时，你就能感觉到一种抽离，是自身从烦躁杂乱的琐事里抽离了出来。此时，工作和生活里的一切不愉快都会变得无足轻重，耳边的风声和海浪声温柔地漫过我们的心坎，冲刷着我们的心灵，把一切尘世的粉尘都带走，我们就成了海水，海水也成了我们。

> 从明天起，做一个幸福的人
> 喂马，劈柴，周游世界
> 从明天起，关心粮食和蔬菜
> 我有一所房子，面朝大海，春暖花开。
>
> 从明天起，和每一个亲人通信
> 告诉他们我的幸福
> 那幸福的闪电告诉我的
> 我将告诉每一个人。
>
> 给每一条河每一座山
> 取一个温暖的名字
> 陌生人，我也为你祝福
> 愿你有一个灿烂的前程
> 愿你有情人终成眷属，
> 愿你在尘世获得幸福，
> 我只愿面朝大海，春暖花开。

在波涛声中，我们会将这世界看得更清楚。我们会有更多的能量去面对现实的所有苦难与辉煌。

找一个闲暇假日，让我们一起去看海，去听海，去拥抱海。

喂一只流浪狗，和小动物分享爱心

有报道说，现在世界上每天都有 30 多种生物物种在灭绝。 也许这个数据不是百分之百的准确，但可以肯定的是，有很多动植物正毁灭在我们人类手上。 现在仅是我们已知的已经灭绝的动物就有好多种。 要想看到渡渡鸟，你只能回到1781 年以前的印度；南非的蓝马羚早在 1799 年就从地球上消失了；还有我国的白臀叶猴灭绝于 1893 年；欧洲的高加索野牛灭绝于 1925 年；澳大利亚的袋狼灭绝于 1948 年；印尼的爪哇虎灭绝于 1972 年……这里还不包括那些不知名的动物，而且还有那么多现在正在走向灭绝的动物。 他们的生命在自负、残忍的人类手里，被捏得粉碎。

当你看到纪录片《海豚湾》那些血腥的画面时，是否颤抖？ 是否为海豚们悲剧的命运哭泣？ 在日本那个名叫太地町的海湾，秀美风光的表面下掩藏着的却是渔民们对动物的暴行！ 每年有 2.3 万只海豚在这里遭到渔民们的残忍捕杀而痛苦地死去，鲜血染红了大海，是它们对人类无声的控诉。

很多人看到这部影片的时候，都对这些令人发指的行径进行了严厉的谴责。可是不要忘了，正像一句公益广告里说的那样："没有买卖，就没有杀戮！"我们有多少人充当了他们的帮凶？或者换句话说，参与买卖的每一个人都是罪魁祸首！

人类总是通过不遵循规律来破坏大自然，而大自然总是遵循规律来惩罚人类。现在已经到了我们深刻反省自己，学会和动植物和平相处的关键时刻了。请学会爱护动物、保护植物，用一颗慈悲的心去对待我们在地球上的伙伴。

不要以为这件事情离你很远，其实你能够做的事情有很多。你完全可以从身边的小事做起，培养自己对小动物的爱心。比如，为流浪狗准备一顿饭。

每次回家的时候，你有没有注意到无家可归的它就蜷缩在楼下的角落里，任凭风吹雨打、日晒雨淋？恐惧无助的眼神，既说明了它害怕人类的伤害，又需要关爱。我们只需准备一顿饭，就可以让一个鲜活的生命延续下去。看到它吃得狼吞虎咽，吃完还抬起头来用乖巧的眼神望你一眼，这一眼，让你的付出有了意义。

我们只有一个地球，我们有义务为我们的后代保留丰富的物种。不要让你的心充满冷漠，付出一点爱心吧，哪怕只是给流浪的小狗一顿美餐。

去乡下，给自己一段悠闲时光

现代人内心渴望洒脱，却被诸多的人、事、物，甚至被自己束缚着；希望有属于自己的时间和空间，却被大量的工作以及过快的生活节奏挤占着；期望发现生活中大大小小的乐趣，却被沉重的精神压力蒙蔽了双眼。大家每天考虑的东西，更多的是怎样才能多赚钱，何时才能买上房子，怎样给父母和子女更好的照顾……满足自己的物质需求、权力欲望、名誉虚荣等等，却偏偏忘记了最重要和最需要滋养的东西，那就是自己的内心。

陶渊明的一首《归去来兮辞》从东晋流传至今，经久不衰，写出了包括陶渊明在内的人们渴望归隐田园、遗世独立的梦想。想想看，你有多久没有给自己的身体放假了？又有多久没有和自己的内心坦诚相待了？只是一味地追求功名利禄，忽视了自己的内心世界。到头来，功名利禄如同过眼云烟一般消散，而你更惨痛的代价是迷失了自我。所以，你不妨换个环境，到乡下去住一段时间，在那个远离城市喧嚣的地方，悠闲地和自己的内心说说话，以更好地了解自己、保持自我。 去乡下，是希望你能体验到另外一种生活，体会到另外一种心境。 如果你本来就住在安宁淡然的乡村，相比较城市的嘈杂，你一定更热爱自己的家乡，不要总以为只有在大城市里才能淘到你想要的"金"，而事实上，围城里的人早就想换一种生活方式，他们也希望找一个清静的地方，过一种悠然自得的生活。

乡下的生活有着大自然慷慨赐予的美丽。 只要我们稍加对比，就会惊喜地发现它比城市生活有着更闲适、更舒缓的情怀。 仅仅一天，你就会知道它是多么值得你去享受一次。在城市里的早晨，很多人为了多睡一会儿都会牺牲掉宝贵的早餐时间，匆匆洗漱后就挤进水泄不通的公交或者地铁，把自己封闭在那盒子一样的小空间里。 可是住在乡下，你将在鸟鸣莺啼的婉转声中醒来，可以懒懒的躺在床上，带着轻松自在的心情欣喜地迎接那缓缓升起的朝阳。 城市里的夏日午后，我们不得不把自己关在有空调的小房间里，在人造的凉爽环境里一边继续埋头工作，一边制造着破坏环境的有害物质。 但是在乡下，你就可以邀上三五好友，一起到清幽的树林里去散散步聊聊天。 树林里的气候不仅是凉爽的，还带着源于绿色生命的怡人清香。 那一刻，最美的事情莫过于躺在绿油油的草地上，在清风的爱抚下，享受午后小憩的悠然自得。 宁静的乡村会在黑暗中把白天的浮华躁动自然消解，使人的心慢慢沉淀下来，让你可以细细地去品味那布满星星的夜空中星罗棋布的故事，那些来自纯真童年的故事。

独自去一个清静的胡同转一转

在某一时刻，我们突然发现，路上的汽车越来越多，火车一次又一次提速，飞机场的乘客络绎不绝。还有路上急匆匆的行人，总像是在追赶什么似的。人类文明的现代化，在带给我们更加舒适便利生活的同时，也让我们很多人趋于异化，渐渐变成生产物质财富的流水线上的一颗螺丝钉。每天程式化的生活，面对着永远也做不完的工作，只是按部就班地重复着昨天发生的事情。开始时，人们还会厌倦这样的生活，可是日子一久，大部分人开始变得有些麻木，连对厌倦都疲劳了。

在绿荫夹道的街上，抬头看天的总是可爱的孩子，他们像快乐的小鸟一样叽叽喳喳。而我们这些自认为比小孩子成熟聪明的大人们，却总是耷拉着沉重的脑袋，早已习惯于忽略身边的美好。难怪很多现代人即便物质生活十分优越，却仍然觉得内心并不快乐。好像有个地方缺了什么。其实，我们真正缺少的不是金钱、名誉、地位，而是一颗完整的心。

少了那一半，我们便失去了发现美的眼睛，失去了欣赏生活中小小幸福的敏锐，失去了生命中最有价值的美丽。

找个时间，去离你很近但一次也没去过的胡同转一转，也许就能在某个被你忽视的角落里发现那丢失的半颗心。

走在胡同，请细细品味那种悠然自得的心情。生活在胡同里的人们是懂得如何享受生活，以至不愧对生命的。他们的步子从从容容，他们的表情坦然满足，他们的内心踏踏实实。那里的人们，不去好高骛远地追名逐利，不像好多人那样总是渴望着去创造一个关于财富、地位的传奇。早上起来，哼着小曲儿养养花儿种种草；黄昏时分，和朋友相约、爱人相伴，或干脆只身一人，在公园散散步遛遛鸟儿。小孩子们则三个五个地你追我打，疯疯闹闹。热闹的仲夏夜，摇着把用旧了的蒲扇，坐在院子里的树下，心满意足地啃着西瓜纳凉；秋冬时节，一家人吃着热气腾腾的饭菜，围炉夜话。不要小瞧这些柴米油盐的幸福，它们才是一步一个脚印地为你的生命留下最持久的美好，也只有它们才经得住漫漫岁月的无情侵蚀。在那些幽幽的胡同里，岁月，一世静好……

在胡同里走了一遭之后，你会惊喜地发现身边竟然还有这么多平凡但感人至深的场景。告诉自己，从现在开始，学会欣赏太阳东升西落的安稳、接受月亮阴晴圆缺的失落，世界上本有如此多的美景，只是我们不肯停息的脚步和太过匆忙的生活，让我们忽视了身边的美好。

打点行装，向自己最向往的远方挺进

几乎在我们每个人心中，都有一个自己向往的远方，就像曹文轩先生说的："每个人都有抑制不住的离家的欲望。"

如果一生向往的地方一辈子都没机会去，那么这个念想也就成为一个幻想了。一开始你抱着最初的渴望开始热爱一个地方，心心念念想着当自己有机会实现这么一次旅行时要看些什么、记些什么。慢慢地，你开始奔波，变得忙碌，你只能偶尔想想这个目的地，每一次都对自己保证说，等有了机会，一定要去到那里走一遭。直到你老了，没有精力去旅行了，你回顾自己一生的向往，才发觉这个地方仍然是你心头不可取代的净土，可惜今生再不能到达了。此等悲凉，大概是一生的遗憾了。

当然，搁置旅行的原因，可能限于时间，也可能惧于距离、烦于收拾行囊，准备改变。大多数情况下，在一个地方待得久了，若是要更换环境，有两种可能：一为兴奋，二为不安。但若克服不了不安的畏惧情绪，何来的兴奋可言呢？我们总把生活中的学习、工作当作重中之重，除此之外一切都要先对它们服从，但是换个角度想想，除去为了未来做储备的学习、工作之外，一个遥远又向往的梦想难道就不是生命的一个重要课题吗？

人就是苦于自己给自己找了太多借口，把重心过分放到理性的拼搏里，才会失却实现梦想的机会。

当一个向往的地方已在你心头久久盘旋，就打点好行囊，在日历上画一个圈，准备出发吧。犹豫不是好习惯，随时出发才能够畅快淋漓。

出发之前，去一次图书馆，找到有关的资料介绍，复印几份地图，在要细看的地方画上几个标记。在行囊里放一本旅行日记本，然后上网预订好机票、住宿，列一张行程表。将一切打点完毕，就可安然起程了。

可能你想要去的是古镇，古风雅韵、悠长静谧，记得带好相机调好色调，或者在手机里放进些古曲，和着那景，必是意味深长；或许你想要去的是遥远的国度，异域风情、别样情趣，记得装好必备的用品，路途遥远，自己将自己好生照料；也或者你的目的地是唯美的海岛，蓝天白云、一望无垠，给自己带上沙滩席，晒晒暖阳，心情晴朗便是最好。

不论是静谧的古镇、遥远的国度，还是唯美的海岛，只要是向往之地，总要给自己实现自己梦想的机会。在自己身体力行的时候，把想要实现的愿望一一兑现，不要给自己的人生留下永久的遗憾。

登泰山，在山顶看日出日落

泰山作为五岳之首，在很多人的心目中，不只是一座有着十八盘、望人松的旅游景点，还代表着一种东方文化、一份人文情怀。千百年来，它五岳独尊的伟岸身形从未消失在千山万峰之间。孔子"登泰山而小天下"，一向平和的圣人心中，也因为泰山的巍峨生出如此豪情万丈。杜甫望岳，既有着"荡胸生层云"的坦荡，又有着"会当凌绝顶，一览众山小"的气概。泰山有着帝王般的气魄，又以这种气魄赋予泰山的日出日落更加与众不同。在最适合去泰山旅游的5到11月间，找个时间登上万峰之巅，去纵情领略一次不同于大海也不同于平地的日出日落。

从最初的天地混沌，到渐渐地霞光初露，仿佛盘古开天地一般，世界在你面前清晰起来。那天边的一丝光线由灰暗变得耀眼，由量小体微的一线蔓延成无边无沿，就像此时此刻人们胸中涌动着的无限激情和希望。云海铺开，瞬息万变，一轮红日跃上海天之交，只消顷刻便以金光万丈扫去包围着我们的黑暗。 我们把自己的心捧出来放入云海，就像那轮红日一般，誓要在浩瀚无垠的天地间活出属于我们自己的真精彩，这一刻真正是"地到无边天作岸，山登绝顶人为峰"！

而泰山的晚霞夕照，或许又会令我们感受到另一种情怀，不同于日出时的豪情万丈，而是一种"夕阳无限好"的宁静与坦然。 一切仿佛就在刚才，一切又仿佛已遥远得如在前世，云海已经不是当时的那片云海，我们的心也已经不是当时那颗年少轻狂的心了。 夕阳是温柔和暖的，云海似乎也平息了内心的汹涌澎湃，此刻的我们就这样安安静静地坐在山顶上。 感受着内心的平和、博大与安宁，这就是对过去种种的释然了。

于泰山之巅，于日出日落之间，我们仿佛能够看到人一生的演变。 在这次非凡的人生经历中，我们所欣赏的不只是泰山日出日落的壮观景致，还将体会到指点江山的豪迈和终于拿得起放得下的豁达。

找一个空旷的地方，静静地看夕阳西下

夕阳是一天的结束，也把所有的极致绚烂都归于一处，而又渐渐化为平淡。随着彩霞的变幻，暮色四合，黑夜开始慢慢降临。太阳每天东升西落，这是亘古未变的自然规律。而追逐着匆忙人生的你，又有多久没有看过这自然赐予的景色了呢？

傍晚的时候，坐在山上，或在楼顶，这时，太阳的光线已经不那么刺眼。如果远处有河，看着夕阳淡淡的光洒在河面上；看着微风吹过，河面上泛起的层层细浪，河水浮光掠金，许许多多的光点似颗颗神奇的星星，在波光粼粼的河面上调皮地蹦跳着、玩耍着；看着夕阳柔和的光照在路边的树上，使它们的叶子显得更加翠绿，闪烁着迷人的光泽。

看着落日的余晖，犹如大海退潮一般，不经意间，肃然地慢慢地悄无声息地退去，烟色的黄，由亮变暗、由深变浅、由浅变淡。慢慢地，黑暗就会泛上来了，眼前的景色悄悄地藏在黑暗里，一切都不见了，时间也好像停止不动了，好一个安

静祥和的世界。

　　静静地坐在这片安静祥和里，你会感觉到一切烦恼都消失得无影无踪了，可能你会想起过去的那段岁月，有过坎坷、有过风雨、有过失去……也许你会在豁然间开朗，这一切都不重要了，只有这恬淡中的安宁，这满足的无忧无虑的孩子气的笑。

　　心灵的平静是智慧美丽的珍宝，它来自长期、耐心的自我控制。 心灵的安宁意味着一种成熟的经历以及对于事物规律的不同寻常的了解。 就像我们喜欢观看日出一样，我们如此隆重地迎接日出的到来，却很少有人想过要去欣赏夕阳，如果夕阳正是无限好，那么我们就应该怀着一片美丽的心情去等待，然后坦然接受黑夜的序幕，其实我们只是在守候我们内心的真正平静。

　　所以，平静是一种心态，是生命盛开的鲜花，是灵魂成熟的果实。 只要有一颗平静之心，世界上的烦忧也不会打扰你的好心情。 也许夕阳给我们的，就是这样一场平静又美好的梦境。

把树叶收藏在书里，成为书签

　　长大，我们每个人每天都有很多事情要忙，但是又好像每天都千篇一律地做着同样的事，让人觉得生活乏味又无趣。周而复始，渐渐地，我们也许会迷失自己最初的方向，甚至会对生活感到无比厌烦。因此，在空闲时，不如给生活制造一点新鲜的元素，让我们每天都能精神焕发，生活会因为有这些灵动的元素而精彩非凡，就像回到了童年一样。其实，不管童年的我们曾经历过什么样的事情，偶尔回忆那时的自己，都会因能拥有一颗纯真率性的童心而感到无比的美好。也许你会叹息自己的童年不再来，也许你会觉得自己变得越来越现实，但是你可以去回忆一下童年，做一做儿时曾做过的事情，这也是一种享受，也是一种放松。

　　我们的童年与快乐有关。与自由有关，也与自然有关，每当回忆走到秋天，我们还能想起儿时那些渐渐萧瑟的秋风，还有那片片飘落的树叶，我们会捡许多这种叶子，什么形状和颜色的都有，然后贴在一个自己最喜欢的本子上做纪念，又或者干脆风干了这些树叶，然后用它来做书签，别致又浪漫。 其实，现在我们依然可以重温这种自己收藏美丽的乐趣，你可以像小时候那样找一片树林，最好树种比较繁多，这样你可以收集到各种各样的树叶。

制作书签的树叶要有讲究，一定要完好无缺，而且要表面平整。 所以，我们要一片一片认真地捡起来，放在事先准备好的塑料袋里。 塑料袋也要选择小型平整的，把收集到的树叶一片贴着一片整齐放在塑料袋里。 每种树叶最好能多收集几片，因为你不能保证收集的树叶每一片都能制作成功。

回到家后，检查收集回来的树叶，选一些完好无损的漂亮叶子，把它们放在水盆里，清洗一下，再拿出来，用卫生纸擦干。 然后，在每片叶子两面垫上几层厚厚的卫生纸，用书压上，等完全干了，把叶子拿出来。 还有另外一种方法，把树叶和碱块放在一起煮，叶子煮好后，取出，用细毛刷将表面的颜色轻轻刷掉，这样就只剩下透明的一片叶子了，最好将其放在通风处(阳光不要太充足)晾干就好了。

第一步工作做好后，下面的工作就是美化了，用彩色荧光笔在叶子上画上图案或写上字，这时候你可以发挥你的想象力，这是表现你艺术创作才能的时候，最好画上一些能激励自己的图案，或写上励志类的格言或诗词。

美化工作完成后，最后在叶柄上系上一根彩线，这样一枚叶片书签就制作成功了。 也许你不满足一枚书签，那么把上面的程序再重复，制作出各种不同的漂亮书签，把它们当作礼物送给朋友也不错。

偶尔回忆一下童年，并做一做儿时的事情，是不是很开心啊？ 其实不管时光怎么飞逝，我们总要保留一份"追忆似水年华"的心境。 一枚简单美丽的书签，就足可以让我们拥有一份纯真快乐的心情。

精心布置一个求婚的房间

　　求婚是恋爱的人最浪漫的举动之一。 爱一个人，不是要给他世界上最好的东西，而是要给他你所能给予的最好的东西。 有一天，你觉得再也忍受不了每一天和恋人分别时的难舍难分，再也忍受不了在等待见到对方的那段时间里度日如年的感觉，再也忍受不了见面时只能匆匆相聚，然后各自回去工作或者回家的无可奈何，那么就大胆地向心爱的人求婚吧，以你能想到的最佳创意和能做到的最好方式。 而家，是最能让我们感到安宁的地方。 父母的家写满了我们前半生每一个日日夜夜的幸福，而未来和另一半的家则会承载着你和他时时刻刻的浪漫与满足。 所以，在自己精心布置的房间里向心爱的人求婚，给对方一个家的承诺，也许就是家的温馨成为打动她的最佳理由。

　　并不是说你要把这个房间装饰得多么豪华，再华丽的日子不也是要回到柴米油盐的平淡和简单？ 你只需要让这个房间里的每一个角落都透露出你对她的爱和珍惜，对真心爱你的她来说，这些就已经是拿世界上的千金万银来换都不会给的无价之宝了。 不需要多么奢华的东西，最重要的是你的心意和诚心。

你可以在房间里插上 999 朵玫瑰，告诉她你们的爱情经得起海枯石烂，比得过地老天荒。 或者放上优雅圣洁的百合，哪怕只有一朵也可以，告诉她，她就是你此生的唯一。 从你们在一起的第一天开始，你就一直记录着彼此从相识到相知的点点滴滴。 也许你收集的两人的照片，可以贴满整整一面墙壁，或者你就用照片贴成一个桃心的形状，意思是你对她的爱可以超越时光，不在乎岁月的痕迹，或者你可以把你们曾经发过的那些你侬我侬的短信写在五颜六色的纸条上。 你拥着她的肩，一条一条地读给她听，其实是在做着最庄严的爱情宣誓。 然后，选择几首或许舒缓悠扬或许激情四射的曲子，给这场求婚锦上添花。 最后一件事情就是去点燃早就准备好的红色蜡烛，红色代表你的激情似火，也蕴含着婚礼的喜庆。 蜡烛点燃，在烛光晚餐的浪漫情调里将这场关于爱的故事演绎到极致。

看到你为她准备的这一切，也许她会受宠若惊，也许她会因为突然而至的仪式感到吃惊，想要考虑，你也不必灰心。至少你为了自己的幸福争取过了，尽心尽力了，没有遗憾也就足够了，毕竟你也享受到了这份为了那一句"我愿意"而努力准备，时而甜蜜时而忐忑的幸福。

在精心布置的房间里求婚，是在向对方许下一个婚姻的誓言，也是在为自己争取一个幸福的机会。 因为你的精心、诚心和爱心，不论对方的回应如何，你都会为自己的努力而感到无憾。

用沙发和靠枕搭建一座堡垒

在家庭娱乐室里建个堡垒并非轻而易举。

别小看幼儿园里关于团队合作、相互信任以及战争艺术的课程，它们在这儿都可以派上用场。以下 6 步，可以帮你成功守护自己的地盘：

第一步，收集整理。把茶几收拾好，小毯子和塑料娃娃都扔到一边去，同时也要开始着手收集材料。沙发靠枕是你的首要目标，不过枕头、床单和睡袋也不要放过。我想，不用我告诉你，如果你家新买了个冰箱，要抓住包装盒不放，这样你的阵地里就有据点了。

第二步，主体建筑。有些人选择用睡袋打地铺，有些人则直接垒砌坚实的墙，然后再在上面加个顶就可以了。想要垒墙，就得把椅子和沙发掉个位置，将茶几放倒，或者把靠枕堆起来。至于房顶，只要墙建好了，小心地把床单搭在墙上，再把四个角固定住就可以了，随便用什么玩具盒、杠铃或者铁块都行。

第三步，增加细节。现在你应该火药上膛了。堡垒需要开个窗户，用来侦察敌情，还得有个秘密的逃脱口以防奇袭的发生。 另外，大量的手电筒也是必需的，它们用于构建起火点，在地毯上形成燃烧带。 还要有任天堂的游戏，兵营里总得有点消遣，才好度过一个又一个漫长而孤单的黑夜。

第四步，隐蔽地点。 所有的工事都要有几个隐蔽点，用来防止奇兵突袭。 这些隐蔽点设在靠垫墙的后面或脏毯子的下面都是不错的。 这些地方也可以做成班房，用来设陷阱诱捕敌人，然后用胳膊夹着他的脖子，强迫他看你打3小时电玩。

第五步，后勤补给。 你需要藏点吃的，这样才有体力熬过这一天，不过也得看你能不能凑合了，因为基本上只有饼干、麦片粥和苏打水。 不过，有这些已经不错了，我们可是在打仗呢。

第六步，稍作调整。 再加点额外的修饰就大功告成了，装上通话门铃，拿上手工做的潜望镜，垫子下面放上气泡薄膜，作为入侵报警系统。

全部搞定，你的娱乐室碉堡高大、坚固，还很豪华，你可以爬到里面，守卫你舒适的新地盘了。

下雨天的时候，用垫子搭堡垒大大激发了我们的创造力。 从计划、设计、施建，到完工之后倒在我们亲手筑造的圣殿里，整个过程都让人长出一口气。 孩子们对此尤其没有抵抗力，家长无非就是看着我们在后院玩，带着我们去旅行或者直接把我们交给保姆。 沙发和靠枕搭起的堡垒比起这些会有趣得多——我们就像置身于蝙蝠洞中、小木屋里，或是到了南方某地，同时还可以得到难得的独处时间。 想得到这些，只要有宏大的构想，并堆起靠枕和旧毯子就可以了。

感觉妙极了！

买一套与众不同的衣服

美国钢铁大王卡耐基小时候有一次路经一个尚未竣工的摩天大楼的建筑工地，与衣着华丽的老板攀谈起来。"我长大后要怎样才能像你这样?"卡耐基以羡慕的口吻问道。"第一要勤奋工作……""这我早知道了，老生常谈，那第二呢?""买件红衣服穿!"聪明的卡耐基满脸狐疑:"这……这和成功有关?""有啊!"那人顺手指了指前面的工人说道，"你看他们都是我的手下，但都穿着一色的蓝衣服，所以我一个也不认识……"说完他又指向其中一位工人，"但你看那个穿红衬衫的工人，我长时间注意他，他的身手和其他人差不多，但我认识他，所以过几天我会请他做我的副手。"

欣赏美好的事物是人类与生俱来的本能。也正因为这个本能，当我们判断一个人时，往往会以貌取人:要是对方穿着得体，就会给我们留下绝佳的第一印象;对方若是一身不修边幅的打扮，肯定不会对他有好印象。

　　人同此心，心同此理。 你以貌取人，当然也不愿意自己因外表而受到误判，所以每个人都想以最美好的一面去博取别人的好感。

PART 2

诗意的生活，优雅的过

做一个美丽的"白日梦"

　　别以为做白日梦是件很浪费的事，偶尔花点儿时间做做梦也不错！　受限于时间、能力，很多事情你只能在心里想想，却永远无法办到！　与其怀着感叹的心过日子，倒不如以这些期盼为蓝本，在心中构筑美丽的梦境，一偿夙愿。　要是你也能到这么一个"虚拟实境"里走那么一遭，你会发现，纵使美梦不能成真，在如真似幻的情景里也能稍解心中的遗憾。

　　幻想不是浪费时间，专注于幻想里，你可以完成你的目标，重振精神，为生命开创新境界。　我们常认为幻想不切实际，那是因为大多数人一迷上幻想就无法自拔，整日沉浸在虚构的世界里，分不清现实与幻想世界的差异——这是消极的幻想。　其实，幻想也有积极的一面，要是能积极幻想，将幻想当作是调和现实世界所受挫折的工具，那么，你就能够掌握真实及虚构世界的分际，不会整日沉迷，妨碍你对现实世界的认知，甚至干扰了正常的作息。　事实上，想象力是所有学习和解决问题的钥匙，爱迪生和爱因斯坦都有高人一等的想象力。 爱因斯坦建立他的时空理论时，想象自己乘坐着月光在星际旅行，童心未泯使他成为智者中的巨人。

丰富的想象力能够帮助人保持良好的记忆力，老年人常抱怨记忆力衰退——其实是他们的想象力衰退，以至于心灵再也无法创造可以长留在心头的画面。 我们把信息存储在记忆的资料库里，必须先运用想象力把信息转换成画面。

丰富的想象力在放松身心方面也扮演了重要的角色。 例如：如果你能集中精神想象自己置身海滩上的情景，那么你就可以随时随地去休闲了。 这种能力太有价值了！ 想象力不够发达的人想要放轻松些往往困难重重。

要像锻炼身体一般经常帮想象力做体操。 想象力越发达，解决问题、记忆资料的能力也就越强。

你可以假想一些生活中非常特别的事情，或者是梦想一些你很希望发生的事。 在这个虚构的世界里，所有的一切任由你摆布，你要怎么揉捏都没关系。 不管你做的是什么梦，幻想时，越逼真越好，无论是颜色、声音、味道、景致，都要以自己希望发生的方式去想，说不定回味无穷之余还会激发你去实现它呢！

为自己录一次像

　　有一个出家弟子跑去请教一位很有智慧的师父，他跟在师父的身边，天天问同样的问题："师父啊，什么是人生真正的价值?"问得师父烦透了。有一天，师父从房间拿出一块石头，对他说："你把这块石头拿到市场去卖，但不要真的卖掉，只要有人出价就好了，看看市场的人肯出多少钱买这块石头。"

　　弟子就带着石头到市场，有的人说这块石头很大、很好看，就出价两块钱;有人说这块石头可以做秤砣，出价十块钱。结果大家七嘴八舌，最高也只出到十块钱。弟子很开心地回去，告诉师父："这块没用的石头，还可以卖到十块钱，真该把它卖了。"

　　师父说："先不要卖，再把它拿到黄金市场卖卖看，也不要真的卖掉。"

　　弟子就把这块石头拿到黄金市场卖，一开始就有人出价千元，第二个人出价万元，最后有人出到十万元。

弟子兴冲冲地跑回去，向师父报告这不可思议的结果。

师父对他说："把石头拿到最昂贵、最高级的珠宝商场去估价。"

弟子就去了。第一个开价就是十万，但他不卖，于是二十万、三十万，一直加到对方生气了，要他自己出价。他对买家说，师父不许他卖，就把石头带了回去，对师父说："这块石头居然被出价到数十万。"

师父说："是呀！我现在不能教你人生的价值，因为你一直在用市场的眼光看待你的人生。人生的价值，应该是在一个人心中，先有了最好的珠宝商的眼光，才可以看到真正的人生价值。"

我们的价值，不在于外面的评价，而是在于我们给自己的定价。我们每一个人的价值都是绝对的。坚持自己崇高的价值，接纳自己、磨砺自己。给自己成长的空间，我们每个人都能成为"无价之宝"。

学会欣赏自己，当我们比较欣赏自己的时候，会更多地得到别人的欣赏。不要先成为别人喜欢的样子，要先成为你自己喜欢的样子。你会喜欢一个不由自主、毫无选择能力、只能"自动"爱你的人，还是一个明白自己有很多选择，却"选择"爱你的人呢？哪一个更令你动容？你的选择也许是每一个人的选择。

首先，爱自己。但是你必须先了解自己，了解自己之后才知道如何爱自己，明白自己想要表达什么。

其次，培养优雅的举止。优雅不是矫揉造作，优雅是以最少的能量创造最大的效益。 仔细注意镜头中的自己，看看自己的举止是否得体、微笑是否宜人。 大胆地对自己品头论足一番，你如何观察别人，就如何观察自己。 你要使自己看起来优雅脱俗、气度不凡，你才会成为别人眼中的一抹亮色。

第三，多做些你有信心可以完成的事。 因为使自己完美的另一个要素就是"自信"，培养自信，你将会更加清楚地认识到自己的价值。 一个有价值又有自信的人怎么会没有魅力呢？ 但是，要明白自信和自负之间的区别，自信是相信"我们都可以做到"，自负却是"只有我能做到"。

最后，成为天真的人。 了解自己本质的人都是天真的，因为他们明了"真、善、美"是一体的，他们决定活在真理当中，同时，他们也活在"美"中。

为自己的照片裱个框

在我们的一生中，总是在不断地经历、不断地存储回忆。那些沿途的风景，有时候匆匆而过，我们甚至来不及看清楚它们的模样。 但是偶尔翻开相册，我们还能够从中找回一些当时的情景，记起当时的场面和心情。 我们会发现，封存记忆最直接的方式也许就是那一张张渗透着时间质感的照片。

日子在模糊中流逝，渐渐泛黄的照片代表着我们的过去，承载着我们生命的历程，回首往事时会有些许淡淡的伤感，让人感慨着逝者如斯，这也许就是生命的意义。 为何不找个时间，为自己拍摄的照片裱一个框，让记忆永远鲜活、让心情永远能记住那青春时的感觉、让我们珍视的东西永保它的质感？

有这样一个老人，她每天都把儿子的照片拿出来细细地看，还笑着自言自语，她脸上线条柔和的皱纹跳跃着，神采飞扬，像是儿子就在身边。可是，这位老人怕把儿子的照片弄皱失去了色泽，会看不清儿子的样子，她每天都把照片用手帕包好，放在自己的硬板床上，睡觉时压在身子下面，为此，她整夜都不舍得翻身。

听完这个故事，你是否会联想到自己的亲人呢？ 为自己拍摄的照片裱一个框吧，让珍惜它的人怀揣着安稳和安慰。它不需要华丽的装饰，也无须刻意追求所照之人之物是否有着专业水准。 有时候，这简单的一个行为，就会给自己的亲人带来踏实的感觉。

为自己拍摄的照片裱一个框，用一种享受的心境，轻轻擦拭掉上面的尘埃，再轻轻地打开某一时期的记忆，让涌上心头的温暖与感慨为照片固定好四周，把那时的人、那时的笑、那时的景致，还有那美好的回忆都小心珍藏。

养一盆绿植，悉心地照料它

我们的世界很大，但我们生活的空间却似乎越来越闭塞。我们的生活中缺少绿色，缺少足够的空间让我们放松地呼吸。那么，养一盆绿色植物吧，这是治理室内环境最简单，也最健康的一种方法。也许这不仅是出于健康的考虑，也可以作为一种爱好，一种陶冶性情的爱好。因为在种植花草的过程中，我们的心会在花的芬芳与草的清香中，慢慢舒缓下来。褪去了尘世的名利追逐、浮华躁动，一颗心感到安宁与淡定。在房间里有选择地摆放一些绿色植物，不仅能愉悦你的双眼，还能驱除异味，带来清新自然的空气。

你可以选择把绿植放在工作的办公室，或在家居的客厅或卧室。现代办公设备基本上都是自动化的计算机系统，每人的办公桌上都摆放一台电脑，这样我们每天都在遭受辐射的侵害。如果在办公桌旁养一盆绿色植物，最好是具有抗辐射功能的仙人掌，每隔一个小时闭眼休息数分钟，再睁开眼睛观看绿色植物数分钟，眼周肌肉得到放松的同时，心情也会如绿色植物一般时时刻刻都是绿意盎然。

在家居环境中养一盆绿色植物也很重要，选择品种之前，先了解一下各种植物的特点和功能吧。大部分植物都是在白天吸收二氧化碳释放氧气，在夜间则相反。但仙人掌、景天、芦荟和吊兰等却可以全天吸收二氧化碳释放氧气，而且存活率较高。吊兰是窗台植物的最佳选择，美观、价格便宜，且吸附有毒物质效果特别好。一盆吊兰在 8—10 平方米的房间就相当于一个空气净化器，即使未经装修的房间，养一盆吊兰对人的健康也很有利。另外，它是很多家庭客厅的盆养植物之选. 平安树又叫"肉桂"，自身能释放出一种清新的气体，让人精神愉悦。在购买这种植物时一定要注意盆土，根和土结合紧凑的是盆栽的，反之则是地栽的。购买时要选择盆栽的，因为盆栽的植物已经本地化，容易成活。

特别提醒一下，植物在光照下光合作用会加强，释放出比平常条件下多几倍的氧气。所以，要想尽快地驱除房间中的异味，可以用灯光照射植物，不要觉得麻烦，耐心地照料一盆花草也是很有意思的事情，而且它也会给你的生活工作环境带来好处。何乐而不为？为你的生活添点调味料吧。

可能一开始你会觉得侍弄花草是一件挺麻烦的事情，但是只要你能够耐着性子用心去对待每一盆花花草草，它们回报给你的就不仅是室内健康的环境，还有内心安宁的心境。当我们即便面对的是自己厌烦的事情，仍然能够坚持做完做好的时候，也许才是真正懂得豁然面对生活的时候。

所以，悉心耐心地照料属于你的那盆植物，让它和你的心情都能时刻保持绿意，生机勃勃。

独自去电影院看一场电影，修炼灵魂

　　把自己完全沉浸在一件事的时候，会让自己暂时忘掉身边的嘈杂和内心的烦恼。 当全身心投入地去做一件事，体会的是一种不同于以往的充盈的感觉，哪怕是去放松、去休闲、去娱乐，认认真真去享受这种专注，是一种更高的境界。 休闲放松的方式有很多种，每个人都有能让自己放松的方法，如果想在娱乐中收获感动或思考，那么，抽空去电影院看一场电影是一个不错的选择。

　　结束一天或是一周的劳累，安安静静地坐在电影院里，欣赏和体味别人演绎出的一种人生。 欣赏之余，有时候也会引起内心的震动或是思考，被银幕上的光影细节所触动，跟着剧情黯然神伤或者怒发冲冠。 电影是一种艺术的表现方式，但是它源于生活，于是我们被牵动、被启发、被感动。而我们的人生也许会因此而得到一种启迪，让我们反思自己，学会更好地生活。

　　去电影院看一场深刻又经典的电影，不光会被剧本震撼，你还会看到在座的人们是不是有某一个人与你产生共鸣，又或者你想哭就哭，想笑就大声地笑，在黑暗影院中，在陌生的人群中，没什么是你必须要顾忌的。 回家途中，你可以随意随性地思索故事的结局，重新进入一个真实的世界，身在剧本之中的你又会如何？ 也许你会突然觉得已拥有眼前的生活已非常幸福。

问问自己疲惫的身心，还保留几许热情，对生活的热情、对完善自我的热情. 这一切需要我们认认真真地去体味，不要因为平日的繁忙而麻痹自己本来灵动的思想，所以一个人去看一场电影，短短的两个小时，也许会体味整个人生，重拾我们年轻时的浪漫。

电影是一门艺术，作为凡夫俗子的我们，有时也可以试着用艺术的眼光变换角度去欣赏这些光影记录。 艺术虽然高于生活，却可以带给我们真实的感受，懂得生活真谛的我们，也懂得艺术的真谛。 认认真真看一场深刻的电影，让我们在放松自己的同时，也让自己的灵魂得到修炼。

准备一个本子，为自己的梦写记录

人的一生看似很长，但睡眠几乎占据了我们生命三分之一的时间。 在这三分之一的时间里，有很长一段还被梦境占据着。

那么梦境到底和现实有什么关联呢？ 参看一些古今中外关于梦境的重要文献，不难发现，在人类步入文明社会早期，就已经有人开始研究梦境对人类的意义。 中国古代玄学派有著作《周公解梦》，而西方最著名的解梦著作当属弗洛伊德的《梦的解析》，不管是哪一种学说，都说明了一个现实问题，梦境的确会影射一些实际问题。

每个人都会做梦，或多或少，醒来后，或清晰或模糊，但如果你能坚持记录一份关于自己梦境的日记，并不一定要你研究自己，也不是让你记录多么有参考价值的东西。 把心态放轻松，这是一件非常有意思的事情。

准备一个本子，放在你一觉醒来伸手可及的地方。 也许当你醒来的时候，已经记不清自己的梦了，又或者记忆出现断层，这些都没关系，不要去在乎它的完整性，大多数人是不可能记录下完整的梦的，所以想起什么就记什么，记录几个关键字都可以，这些梦重不重要都不是重点，重要的是这件事是你一个人私有的，就有记录它的价值。等到哪天你会拿出来翻看，勾起你那么一点回忆，或者让你开怀大笑．这种情绪完全来自我们自身，取悦自己。

古人云"日有所思，夜有所梦"，的确是这样，在我们的梦中总会出现一些和我们曾有过关系的人与事情。比如你白天工作遇到的难题，总是得不到满意的答案，而这时你很有可能因为过度关注这个问题，晚上睡觉大脑没有进入深层睡眠，于是你会做关于这件事的梦，没准儿你一觉醒来，你的梦就给你带来了灵感，这时候你手边的本子就功不可没了。记录在本子上，可能这样简单的一个行为就帮你解决了一个难题，你会发现原来这件事并不像你之前想的那么难，原来灵感有时可以来自一个梦的启示。

从现在开始，准备一个本子，记录下你的梦，你会发现梦境原来是这么奇妙，你可以更好地了解自己的内心，也可以更丰富自己的生活。为自己写一本梦的日记，就像是为自己写下一个奇幻的历程，它可以带给你不同的快乐和感受。

在沙滩上写下自己的烦恼，让海水冲走它

人在尘世中难免会有烦恼，甚至烦恼会伴随着我们度过大部分人生。我们总在忙碌中忘了自我、忘了快乐、忘了满足。烦恼来自欲望，来自追求，来自对尘世美好的向往。

烦恼就像写在沙上的字，海水一冲就流走了。

有这样一个故事：

有一个中年人，年轻时追求的家庭、事业都有了基础，但是却觉得生命空虚，他感到彷徨无奈，情况越来越严重，只好去看医生。医生给他开了四个处方，分四服药放在药袋里，让他去海边服药，服药时间分别为9点、12点，下午3点、5点。

9点整，他打开第一服药服用，里面没有药，只写了两个字"谛听"。他真的坐下来，谛听风的声音、海浪的声音，甚至还听到自己的心跳节拍和大自然的节奏合在一起跳动。他觉得身心都得到了清洗。他想，自己有多

久没这么安静地坐下来倾听了？

到了中午，他打开第二个处方，上面写着"回忆"两字。他开始从谛听转到回忆，回忆自己童年、少年时期的欢乐，回忆青年时期的艰难创业，他想到了父母的慈爱，兄弟、朋友的情谊，他感觉到生命的力量与热情重新从体内燃烧起来了。

下午3点，他打开第三个处方，上面写着"检讨你的动机"。他仔细地想起早年的创业，是为了热情地工作，等到事业有成，则只顾挣钱，失去了经营事业的喜悦，为了自身的利益，他失去了对别人的关怀。想到这儿，他开始有所醒悟了。

到了黄昏，他打开最后一个处方，上写"把烦恼写在沙滩上"。他走进离海最近的沙滩，写下"烦恼"二字，一个波浪袭来淹没了他的"烦恼"，沙滩上又是一片平坦。

当走在回家的路上时，他再度恢复了生命的活力，他的空虚无奈也治好了。

我们不妨也把烦恼写在沙滩上，让海水把它冲走。然后，学会静静地谛听，让自己回归自然，享受自然生存的乐趣！静坐海边，让涛声带领我们去回忆、去感受，感受父母家人的爱，感受兄弟姐妹的情谊，这时，你会发现，人生的真正喜悦是浓浓的亲情、友情、爱情。而烦恼就像沙滩上的字迹，让海水把它冲走，让心灵也恢复平整和宁静。

捧起一把沙子，看它从手中慢慢流走

我们匆忙地穿梭在高楼林立的城市中，随着人潮涌动前进，经常忘了时间是怎样从我们身边流走。繁重的生活让我们停不下脚步，轻松的快乐慢慢成了一种奢侈的享受。

其实生活是简单轻快的，而快乐也并不遥远，正如播下去的种子，尽管无法躲过偶尔肆虐的天气，无法阻止四季的更替，可最终依然会迎来收获的喜悦。好似我们看似平凡的日夜，不会因过多的阳光而感到晕眩，也不会因为连绵的阴雨而阴沉暗淡，因为一路都有风景，曾经过眼的往事都会幻化成云烟。

捧一把沙子在手心，看它慢慢从指间流失。这双手承载着的期望太多，沙子在手心的重量又显得有些沉重，以至于我们的手，在不知不觉中因紧张而过度劳累。我们怕别人对自己失望，所以不管多艰难都要劝诫自己不能放弃，到头来，这中间的辛酸唯有自己才能体会。但最终你会发现，掌心的沙子还是会流走，那样漫不经心但又那么随遇而安。

生活在忙碌的现代都市中，我们很少有心思去理会生活中那些简单的快乐。不知道你发现了没有，有时候小快乐比大快乐更容易让你满足，也更能持久。这是因为当你非常快乐时，你的感官受到高度的刺激，但是接下来的快乐却无法在短时间内进入。因此，快乐过后你会有一种空荡荡的感觉。但是小快乐则不同，它们来自简单的事物，就像清澈的天空，就像窗外暖融融的阳光，就像一个陌生人对你的微笑，每每想到它，你的笑容一定会是发自心底的。

　　当你停下忙碌的脚步，就会发现，生活原本就是简单而快乐的。当生活在欲求永无止境的状态下时，我们就无法体会更高层次的快乐。其实，不论你处在的环境如何，不论你当时的状态如何，所谓快乐的秘诀就是——让自己的心灵回归简单。

　　所以我们总会说，生命中的许多东西是不可以强求的，那些刻意强求的某些东西或许我们终生都得不到，而我们不曾期待的灿烂往往会在我们的淡泊从容中不期而至。因此，面对生活中的顺境与逆境，我们应当保持"随时""随性""随喜"的心境，顺其自然，就像从掌心流走的沙子一样，我们往往握得越紧，沙子就会流失得越快。何不以一种从容淡定的心态来面对人生，这样我们的生活就会有意想不到的收获。

写一张清单，把不必要的东西舍弃

人的心态不一样，对待生活的态度就不一样。 在乐观豁达的人看来，生命其实很简单，只要追求自己真正喜欢的有价值的东西，不被金钱、权力、地位所奴役，就可以活得很轻松，很快乐。 而被外物蒙蔽了双眼的人，则会苦恼于生活的复杂、混乱和忙碌。 有那么多的东西要去追求，有那么多的人要去应酬，大部分时候都周旋于各种利益纠葛之中，渐渐迷失了自我。 我们都知道，人的精力和时间都是有限的，所以才应该把它们花在更有意义的事情上，可偏偏有的人要用这有限的精力和生命去填补无限的欲望黑洞。 不管是他的时间，还是心灵的空间都被占得满满的，哪里还会有地方留给生命中真正重要且美好的人与情呢？

人类总是想拥有很多，这也许是我们人类天生带着"自私与贪婪"的劣根性，于是我们总企图用所拥有的东西来证明自己的价值，不停地给自己设定很多目标，加了一副又一副担子在自己肩上，也许只有这样才能证明我们活着。 但偶尔安静下来想一想，谁都不是铁人，谁都会有累的时刻，并且不是每一个目标都值得我们这么费尽心力去实现。　为什么不尝试用减法去生活？　拿张纸出来，好好想想哪些东西是你生命里真正需要的，然后把那些不需要的或者可有可无的，从你的生命清单里剔除掉。　列出一份关于舍弃而不是争取的清单，让自己获得一个足够宽敞的空间来好好享受生活。

　　在这样一张清单里，除了日常生活的废品，其实应该被清理的还有你的过去、你的回忆。　"日子久了，回忆也堆积得要发霉了。　找个阳光充足的晴天拿出来翻晒翻晒，那些需要忘记的事情，就让它像浮尘一样飘散。　于是，蓦然发现，心是空灵的，梦是明朗的，生活是澄澈的……"你何不也找这样一个晴朗的好天气，悠闲地坐下来，梳理一下自己的记忆。忘记脑海里那些令人不愉快的人和事。　何必还要让它们挤占着你寸土寸金的心灵空间？　如果你已经因为过去的某个人某件事伤了一次，现在却还死死地记住他们，岂不是在自己伤害自己第二次、第三次？　清除记忆中的那些不愉快，才可以轻装上阵，大步地迈向充满阳光的未来。

　　至于未来，你也一定做了很多规划，有好多梦想要去实现。　可是你有没有想过，有些所谓的梦想是不值得你付出那么多去苦苦追求的？　名利、富贵、权势只是过眼云烟，你要做的应该是真正有助于自我内心修养的事情，同时为家人、朋友甚至那些陌生人带来幸福。　在这份做减法的清单上，列举出你不应该做的事情，比如不能违背自己做人的原则去过分迎合上司，不要为了升职而过度加班以致对健康造成严重伤害，不要对别人的不幸视而不见，等等。　把这些对身体对内心没有好处的事情从生活中舍弃掉，你会发现成为自己喜欢的样子原来是这么轻松自在，为他人带去快乐原来是如此令你幸福。减轻生命的负担，你就能够插上幸福的翅膀飞起来。

学会给心灵做加减法，减少内心的负担，增加生活的快乐，这样的人生才能变得丰盈豁达。

随时随地记下自己眼里的景色、心中的想法

生活中有很多事物都能带给我们不同的感受。 也许是刹那的感动，也许是一方美景，也许是一种突然而至的灵感。我们每一个人在生活中都需要随身携带一个本子，把看到的和想到的一一记录下来，也许将来你不会从事多么具有创造性的工作，但我们都不会拒绝生活中的各种创意灵感。

生活向来具有独特性，每一个人都有自己独一无二的生活方式，即使是再平凡的生活，带给我们每个人的感受也不会完全一样。 生活处于混沌状态的人会看着别人的生活，并且感慨万千，他们也许生活在别人的光晕边缘，然而，对于有心的人来说，别人的生活是他们观察的对象，他们自己去体会自己的生活。 两种不同的人，两种不同的生活，无关优劣，但是，我们不能一辈子总搭别人的车，一辈子不去自己体会生活。 多记录一下自己身边的事，以及它们带给你的灵感，慢慢挖掘自我意识。 也许随身携带一个本子并不是最好的方法，但这种形式的确是浪漫的。 把你平生中看到想到的

记录下来，不仅让自己的思维更加活跃，让自己变得更有思想，而且将来没准儿你的这本相当于"参考文献"的随笔还有发表的可能，让更多的人来借鉴和解读你的想法。

虽然听上去并不会觉得有那么多的好处，但逐渐地你记录得多了，也养成了这样的习惯，你也许就会发现，这种方式会给我们带来意想不到的收获。比如，你是艺术创作者，捕捉到的灵感会成为创作之源；再比如，你是其他职业的人，你所看到的想到的也不会超出你的职业思维习惯，记录的东西说不定就会为你找到解决问题的新途径。倘若你再带点感性的思维，这样的生活方式和习惯会使你整个人变得圆融。

生活向来属于用心体会的人，繁忙的生活中，不忘体会人生；忙碌的工作中，不忘享受生活。不要再给自己找诸多无法安静下来的理由和借口，这不过是无心体会生活的人的托词；而有心人却能在闹市里找到自己的安宁，让自己的生命显得完整无缺。

时间总会将浮躁沉淀下来，随身携带一个本子，把看到想到的随时随地记录下来。人生匆匆，我们不过都是人海中的过客。精心留住一些美好，等重新翻开这个本子的时候，你会发现自己曾经珍藏了这么多令人感动的瞬间。

为自己唱一首歌，要唱得响亮

　　歌声是我们表达自己感情的一种艺术方式。我们唱歌不一定是要给别人听，也不一定非要外人来欣赏，你完全可以为自己而歌唱。歌声不在于有多优美，而在于你的心情有多放松、有多愉悦。

　　找一个没人的空间——一间空房子、一片空旷的草地、湖边的小树林，或者就是自己的房间，只要你认为安全且私密的环境，只要是你的视线里没有别人，你就可以放声为自己歌唱，不用去在乎别人诧异的眼光、喁喁的私语。

　　你可以随心所欲地为自己演唱，不要敷衍自己，即使想唱一首小时候的童谣也无妨，不用去刻意地牢记歌词，甚至可以自编自导，唱一些不知名的歌曲，即使不成曲调，也没有人会取笑你。你还可以把一些想对自己说的话，用歌曲唱出来，哪怕是心中积聚的苦闷和牢骚，把满腔的怨言大声唱出来，也是一种很好的发泄方式。为自己唱一首激动人心的鼓励之歌，或者是一首充满了祝福和期许的希望之歌，唱出自己对生活的美好愿望。 唱出自信，唱出激情和勇气来。

如果你有雅兴，不妨用录音设备把自己的歌声录制下来，以后任何时候都可以拿出来回味一下，自我欣赏一番，甚至可以为自己专门制作一盘专辑。 就像那些明星一样，只不过这个是用来自我收藏的，如果可以，把它送给你的好友。如果想送给朋友，不如回忆一下朋友喜欢什么歌，你们曾在一起听过哪些歌，回忆一下曾一起 K 歌时"合作"过哪些曲目，录音之前先预演一次。 如果情到深处，不如在前奏响起之前，说几段告白，不要去想你的告白有没有语病、话语是否通顺，只是你想说你想要表达的，对你自己也对你的朋友，只要用心，谁都会懂你。

为自己歌唱，只要自己喜欢，就可以。

精心读一本好书，让自己的心渐渐沉静

　　一本好书，能够带给我们一个更广阔的世界，一片知识的海洋。 可以为我们在黑暗中指明方向、在迷茫时指明道路，可以在失败时给我们鼓励、在绝望时给我们希望。

　　读一本好书，有如与一位绝好的友人在一块儿待上几个时辰，即使一语不发，只默默感受那份墨香缭绕中无声的宁静与温柔，心里也是踏实而温暖的。

　　一本好书、一杯清茶、一分静谧心情、一桌一椅，静心坐下来，和书中的人物互换心情，和高尚睿智的作者喁喁私语。罗曼·罗兰要说："和好书生活在一起，我永远都不会叹息。"原来这也是一种修炼，借助书的力量，修炼我们的心绪。

　　拿起一本好书，认真阅读，你会感觉仿佛进入一个绚烂多姿的缤纷世界。 有沉思、有感叹，有激昂、有欢笑，有火山爆发、有狂飙突起，有淙淙细流、有洪波万里，有云卷云舒、有潮起潮落，有飞流直下三千尺、有一行白鹭上青天……

你也许还会跟着书中的情节紧张、愤恨，甚至读到情致浓时赔上自己的泪水，跟着主人公一起动容，你在书中可以过另外一种人生，任凭你的思绪万千。

如果你喜欢听古典音乐，你更会觉得读好书的感觉就仿佛徜徉一段经典名曲。 托尔斯泰的博大精深一如贝多芬的深沉多思，欧·亨利的诙谐幽默仿佛海顿的轻松明快，福楼拜的精致入微恰似巴赫的婉转细腻，鲁迅的辛辣犀利正像瓦格纳的奔放不羁……不觉间，音符翩飞，旋律起伏。 节奏纷沓，书人合一，白雪阳春，水清月朗，天高云淡，心若止水。这时候，世界不再喧嚣，内心不再浮躁；胸可纳百川，人可立千仞；如鲲蛟戏水，似天马行空；不扶而直，不攀自高；得失尽忘，宠辱不惊。

选择一本好书，认真读一读，可以请教会读书的人，让他们帮忙推荐，也可以找来心中一直想读却没有足够时间阅读的书。 现在就给自己一个足够的空间，什么事都不做、什么事都不想，只用来专心徜徉阅读的海洋。 也许你会发现，从此你就有了不一样的心情，甚至有了不一样的人生。

每过几年，为自己写一个总结性小传

写传记是人们记录自己生命过程的一种方式。在很多被人们公认的成功人士的传记里，我们不难发现他们的梦想或许在成长中也发生过巨大的转变。其实我们每个人都是这样度过人生的，一些成长中的事成了我们人生岔路口的转折点，也许积极也许消极，所以我们应该过一段时间就对自己的过往进行审核。我们每个人在成长中每到三年、五年都要为自己写一个小传，总结经验教训，或者你人生路上这三五年一直一帆风顺，那就写写你的体会与感悟，还有对未来的期待。也许这些手记将来真的能为我们的梦想导航，为我们的人生导航，让生命的每一个阶段都过得充满意义。

在这样的小传里，我们只需真实地面对自己的过去，就像小时候写周记那样，对曾经走过的日子进行真实的总结和评价。等到回首翻看时，我们可以在生命的曲线上找到走过的起起伏伏，会让我们的生命显得多姿多彩。

三年、五年为自己写一个小传，用一种严肃的态度对待自己的经历，它不需要太多繁杂的构思，也不需要费劲脑汁寻找华丽辞藻，因为自己对自己人生阶段性的解读并不需要修饰，就好像是在用文字当作胶卷一样，把阶段性的自己用文字胶带映射出一部光影来，使得我们的整个人生变得厚重起来。 无论你的人生路是一帆风顺还是崎岖不平，属于自己的经历，在多年后都会以温暖的形式出现，提醒着我们怎样对待自己的人生，耳朵听来的珍贵，远不及自己用心的体会。每一段新的传记都是对过去一段日子的用心体会。

没有人愿意在生命旅途的尽头看到的是一片荒芜，回首自己的一生时，记忆是一片空白，那么以这样的方式为自己写小传，至少证明了生命真实地存在过。 那些经历，最终也会化作我们宝贵的人生财富，时时提醒着，我们曾经这样走过。

用心拍一些风景照，然后珍藏起来

　　快乐很简单。 有时候，看一场电影，做一个简单的游戏，都能够得到不同的快乐。 或者，看看美景也是让人心情愉悦的事情。 再把美丽的景色拍下来留给自己作为珍藏，把那些快乐封锁在记忆里。

　　选一个风景优美的地方，有山有水、有树有花。 另外，拍出好的照片，好的相机当然也是关键，所以如果你自己没有好相机，那么想办法借一个，即使去照相馆租一个也是值得的。

　　如果你对自己的照相技术没有信心，那么事先找个摄影高手学习几招。 当然，我们是为了寻找一种生活的气息与灵感，寻找人生的乐趣，并不是要做得多么专业。 对于照相技术和照片的效果不必过分追求，自己觉得满意就行。

　　选取你自己认为最美的景色，多角度拍摄，别忘了调好亮度、色度、焦距等等。 照完之后，别忘了在相机里看一下效果。 如果有同伴，互相给对方留影，人与大自然融合，是最美的艺术瞬间。

　　尽量多照些不同的景色，有山有水的地方，可能脚下不是很方便，忍耐一下，就当作是锻炼身体好了。而且这的确是一次锻炼身体的好机会，还可以在大自然陶冶性情，在这里留下永恒的纪念。

　　拍完照片，回家后把照片按类整理好，打印或者冲洗出来，用相册装好。如果是你特别喜欢的一张，可以装裱起来，放在书房或者家中任何一个你觉得显眼的地方，最好每一张照片下面备注一下，可以写上此景的名称，也可以是你的感想和赞美，甚至当时拍下它一瞬间的思绪。让这些美丽的照片定格住同样美丽的心情。

设计你的办公小天地，彰显你的个性

　　一个人的个性特征，不仅能够从言行中表现出来，他的穿着打扮、装饰风格也会在一定程度上说明个人的品位和性格。 对于上班族来说，办公桌也能反映出我们对待工作的态度和为人处世是否得体。 试想一下，当你的同事或者老板来到你的办公桌前，除了觉得这张桌子干净整洁以外，要是还能发现一些只属于你的特点和创意在那里闪光的话，一定会对你印象深刻，或许你就给他人造成了一个很好的印象，在今后的工作中你会获得更多的机会。 正所谓，细节决定成败。

　　另外，工作得久了，我们难免会觉得疲劳烦躁，既影响心情，又降低了工作效率。 这时，如果面对的是一张经过自己精心设计的办公桌，那上面放置的物品都是自己喜欢的东西，空间的安排也都经过了自己的细心布置，那么当看到自己的劳动成果时，我们一定会备感亲切和开心，坏情绪也就随之一扫而光了。

那么要如何设计自己的办公桌呢？ 其实，不需要有多么了不起的创意，我们的设计在很大程度上只是为了自己的乐趣而已。 既是乐趣，那就怎么能让自己开心就怎么做。

　　首先我们最好先把办公桌清理一下，把那些不再能够派上用场的东西处理掉，再对不同的文件和杂物进行整理归类，放在各自固定的位置。 这样我们的桌子就会显得既整洁又有条理。

　　初步整理完了以后，我们就可以在办公桌其他空余的地方，进一步自由设计，大显身手了。 你可以把自己喜欢的卡通小玩具放在办公桌上，可以是名侦探柯南，也可以是哆啦A梦。 不要觉得这很幼稚，当你心情抑郁时，看到这些小玩具，再想起孩提时代无忧无虑的点点滴滴，也许心情就会在这些开心记忆的安抚下得到舒缓和安宁。 整天对着电脑，那么强的辐射对我们的身体很不好，所以你的电脑旁边最好放一株能够防辐射的绿色植物。 同时，绿色是生命的颜色，代表着勃勃生机。 工作之余，偶尔偏过头去看看它，既可以放松眼睛又可以感受到活力和激情。 种了植物，还可以养只小宠物在办公室里，一动一静，张弛有度。 慵慵懒懒的小乌龟或者是五颜六色的小金鱼儿，看着心里就会觉得喜欢。 你还可以把自己喜欢的照片贴在办公桌的某个地方，或许是某个人的笑脸，或许是某个地方的美景，也有可能就是你自己。不管照片的内容是什么，只要你看到它时能够感到内心的愉悦，就达到了放置它在这里的目的。 或者你也可以写一两句名人名言，或者就是自己的话贴在桌上，每天坐在桌前心里默读几遍，不断给自己积极的心理暗示，可以让今天的工作进展得更顺利。

我们的创意会有很多，全是出自自己的兴趣。把自己对于工作的激情，对于梦想的憧憬，反映在办公桌的设计上，每天让自己有一个好心情。开开心心地上班，认认真真地工作。给办公桌一次改头换面，你的心情也会大有改观。

听一场交响乐，沉浸于古典曼妙乐声中

一位作家曾这样说过："我喜欢流行，但我更喜欢经典，虽然经典也曾经流行过。"当经典被重新解读加上滑稽搞笑的色彩时，迎来了一大批的观众。让很多追求高雅艺术的人感到不可思议，他们几近超出尘世，在前方为人类开路。当他们带着疑惑俯下身来对通俗的、庸俗的东西进行解析时才发现，这些东西是源自人们内心的，在短时间内无法剔除，只有等待人们自己发现自己的庸俗不堪。当然，我们不排斥通俗的大众艺术，这甚至是我们艺术要追求的方向之一。能让艺术为一切人服务，成为每个人的精神食粮是很多艺术家的梦想。

可是，通俗并不等于庸俗，也不等于纯粹的搞笑，所以更不会是低俗，我们应该拒绝的是纯粹的娱乐。曾有一位美国的媒体文化研究者和批评家尼尔·波兹曼说，娱乐文化会让文化致死，文化死亡也就意味着一个民族的不可救药。所有带着真诚的艺术家都是靠良心在艺术的殿堂里展翅的，不负责任的胡编乱造愚弄众生是艺术的罪人。 每一个人在内心深处都渴望着真正的真、善、美，不管是何种方式的演绎，人们仍然最爱美丽、高雅，并能引起你思绪的作品。 我们可以抽空听一场交响乐，提升一下自己对古典音乐的修养，在曼妙的乐声中与灵魂对话。

交响乐的产生与发展，是与人类社会文明的突飞猛进紧密相连的，它伴随着整个人类社会的文化、经济发展应运而生，并不断发展。 与其他流行一时的艺术相比，交响乐内涵深刻，音乐格调庄重，有比较通俗易懂的，以描写自然界及生活的景物为主要内容；有的民族风格极浓，这类乐曲比较短，感情比较纯，旋律也比较清楚，以载歌载舞的形式讲述节日欢乐活动；也有的讲述广泛流传的戏剧、诗歌、传说、神话、小说、故事等；还有一种就是通过音乐手段，反映人们非常细腻、丰富、变化多端的感情起伏。 这是一种有着较严谨结构和丰富表现手段的高雅艺术，让人们或欣赏，或沉思，或反观自身。

如果一个人是个交响乐爱好者，他就永远不会沉迷于世俗表面的狂欢。

以一颗柔软的心，做一次完美的志愿者

如果你的心还柔软，那么就用心去做一些慈善吧。

做善事的方式有很多种，当一名志愿者则是一个不错的选择。你可以到山区去做志愿者，那里的孩子们如同在黑暗中迷路的人一般是那么渴望知识的光明，你的到来会为他们的人生展开全新的篇章；你也可以在城市里做一名志愿者，比如奥运会、世博会的志愿者，迎接八方来客，让他们虽然身处异国异地也可以享受到如家一般的方便和温馨；你可以到养老院去看望那里的老人，为他们打扫房间，陪他们说说话、解解闷；还可以到孤儿院去和那里的小孩子们一起玩耍，让他们的童年因为有了社会的关爱而不致孤单……当你在做志愿者的时候，你的身体也许会觉得劳累，但你的心灵却会觉得无比放松和宁静。此时，你不仅为他人创造幸福，也给自己带来安宁。

我们熟知的娱乐圈就有很多致力于慈善事业的人，20世纪风靡全球的好莱坞女星奥黛丽·赫本就是榜样。

赫本曾经在自己事业巅峰的时刻退出演艺圈长达 8 年的时间，可以说她在金钱上的损失是非常巨大的。 然而赫本却并不在乎这些，她曾经做过 67 次的亲善大使，还坚持每个月到医院、贫民窟和监狱去做志愿者。 一次，贝尔公司以每小时 5 万美元的薪酬要求赫本去参加盛典，但是却被赫本拒绝了，理由是她要去孤儿院看望没有父母的孩子们。 另外，赫本在自己晚年的时候还曾担任联合国儿童基金会的特使。

让人感叹的是，赫本的一生并不平静，可以说还非常跌宕起伏。 赫本一生经历过 6 次婚姻，皆以失败告终。 但这些生活中的坎坷并没有让赫本的心灵陷于崩溃，有位经验丰富的心理医生感慨道："相对于那个年代的明星们来说，赫本无疑是创造了一个奇迹！"许多的心理医生都由赫本的事件而受到启发，他们告诉前来看病的名人们去做善事，并且要怀着澄净的心。 事实表明，做了善事的明星们就很少再去寻求心理医生的帮助了。

俄罗斯作家克雷洛夫说： "一切天性仁慈的人，总是热心地做些不求报偿的善事。"赫本又何尝不是如此？ 在行善时，赫本并没有要求这善举有任何回报，然而她高贵的心灵却赢来了比金钱与物质更加巨大的回馈，最终获得了灵魂的安宁。 "思量恶事，化为地狱；思量善事，化为天堂"，这是六祖惠能留给后人宝贵的精神遗产。 心灵的迷失并不可怕，可怕的是因此而不求救赎。 而救赎的途径之一就是帮助他人，以一颗慈悲心处世，则心灵总有一天会归于和谐。

做一件自己认为非常浪漫、平时又不敢去做的事

　　如果你喜欢下雨，从小就渴望能够痛痛快快地享受一次雨的洗礼，觉得那是天使最美丽的眼泪，可是，别人总是告诉你，你也总是这样告诫自己：淋雨不好，会生病的；身边的人都打着伞，就自己一个人不打，大家可能会觉得很奇怪；还有，衣服打湿了，穿在身上会不舒服，何必多一件麻烦事……总之，你总是有很多理由来扼杀掉自己浪漫的天性。可是事实上，一般人是不会淋一次雨就感冒的。当别人都在雨中狼狈地打着伞拥挤不堪时，你不正好可以从从容容地走回家吗？其实，这是一个很容易实现的梦想，只是需要一个下雨天而已。既然你已经期待了那么久，干脆就在下一个雨天，勇敢地、淋漓尽致地享受一番雨的爱抚。这时，你也许还能体会到苏轼《定风波》里的情致：莫听穿林打叶声，何妨吟啸且徐行。竹杖芒鞋轻胜马，谁怕？一蓑烟雨任平生。料峭春风吹酒醒，微冷，山头斜照却相迎。回首向来萧瑟处，归去，也无风雨也无晴。

的确，生活本来已经很累，我们实在不需要太在乎别人的眼光，也不要总是挑剔着自己。 或许你一直暗恋着某个人，总是想给他写一封浪漫的情书。 可是，每次拿起笔时，你都会产生很多不必要的顾虑，比如，觉得自己文笔不够好，害怕对方看了信之后对自己不屑一顾，等等。 其实，爱情本来就是一件充满了感性、激情和浪漫的事，对方的想法，始终是你无法控制的。 首先只要先确定自己的感觉，再去确定你的态度是否能够坦诚，那么就落笔把你的真情实意跃然纸上。 比起真实的幸福，文笔不好又如何？

　　当然，不要觉得浪漫就一定得是一件与众不同的事情，否则，别人会笑话你缺乏创意。 其实浪漫的事有很多，我们不也总是被生活中最平凡的事所触动吗？ 而创意生活也不是多么玄妙的事情，它只是把平凡的浪漫事演绎得唯美了些，诚恳了些。 其实浪漫并不是那件事情本身，而是置身其中的人从内心深处产生的一种愉悦和陶醉。 所以，就算你所期待的只是一种平凡的浪漫，比如冬日雪天里捧着爱人的手，或者就是夕阳西下时的携手漫步，只要这是你真正期待的，那就行动起来去实现它。 也许这种平凡的浪漫更容易带给你幸福，只因为有你们的参与，它才变得那么触手可及。

拍一套写真集，珍藏最美的回忆

　　不知道什么时候开始，写真集已经不再是明星们的专利，它已经越来越多地走进了千千万万个普通的家庭。 很多时尚的女性，都拥有了好几本属于自己的写真集；刚参加工作的小女孩儿们也把拍写真集作为自己发工资后的第一件事；30 岁的年轻妈妈有一天忽然看见脸上的一个细纹也惊叹不已，发誓要在自己青春的黄昏去摄像馆寻找年轻时的影子；甚至还有几个不服老的老年人也走入了写真集的行列。

　　看看镜头里的自己，告诉自己：

　　我欣赏我的生活，

　　我欣赏我自己。

　　我欣赏我的健康，

　　我欣赏我的幸福。

　　我欣赏我的爱心，

　　我欣赏我的与人分手。

　　我欣赏我知道我自己要什么，

　　我欣赏我懂得享受的乐趣。

我欣赏我的平衡，

我欣赏另一个我。

我们要学会欣赏自己，当我们比较欣赏自己的时候，会更多地得到别人的欣赏。要学会欣赏自己，首先要懂得爱自己，你必须了解自己，了解自己的优点、缺点，了解自己的思想、学识，了解自己的身体、容貌。拍一套写真集，可以给你带来许多意想不到的惊喜。

成熟的标志。成人有成人的仪式，成年有成年的仪式。从拍写真集的那天开始，你成熟了。你懂得如何面对自己，面对自己身上每一处值得骄傲的地方，面对自己身上每一处难以忍受的地方。美的、丑的，都是自己的。

心灵的交流。和自己对话的方式有许多，比方说写一本书。主人公当然是你自己，故事也是你的，至于插图，少不了一些精美的图片，拍写真集就成了必须。和别人对话的方式也有许多，比方说看一本书，别人喜着你的喜、悲着你的悲，从故事了解你的成长轨迹，从图画中感受你的精彩人生。

留下美好回忆。从相片被发明的那天开始，一直与人类的回忆密不可分。翻看一幅幅的老照片，你会想起从前的点点滴滴来。中年和青年都是人生必经的阶段，有个值得纪念的东西比什么都没有强。此时的你也许有些发福，也许有点皱纹，可这并不重要，能够记录下真实的生活，才最为重要。

追求完美的女性，不要再徘徊了。走进摄像棚，找一个专业的摄像师，让他帮你认真设计一本能够给你带来好运或者能给你留下美好回忆的写真集吧。从拿到成品的那一天起，你会发现自己原来才是最好的。

写一封信给三年后的自己

Melya 小姐向我们讲述了她的故事：

　　有一年，我在鼓浪屿旅行，岛上有一家小店非常特别，白色的外墙画满了浅绿色的植物，有芭蕉，有绿树，还有小花，看起来很美，小店的名字也很别致，叫"邮寄幸福"，是个卖明信片和邮寄明信片的地方。我那时在店里给朋友们寄出去好几张明信片，也寄了一张回上海的家里，给自己。后来，不知道出了什么差错，朋友们都收到了我寄的明信片，唯独我自己没有收到自己邮寄给自己的明信片。后来某一天整理旧照片，我看到自己拍的一张照片，是那家"邮寄幸福"小店的一个角落，角落里放着一架"时光机"，其实就是一个很大的柜子，它由几个方方正正的木质小柜子组成，全都刷成褐色，每个柜子相当于一个邮筒，有细长的开口，有锁，大柜子上方挂着一个白色的时钟，时钟下写着"时光机"三个大字，底下还有一行小字"写给 N 年后的自己"，再下面的每个小柜子上都写了年份——2012 年、2013 年、2014 年……2017 年。看了这张照片，我恍若隔世，2012 年已经快过了一半，我忍不住感叹时间飞逝、生活匆匆，很多事情如果不抓紧时间去做，也许自己以后就再也没有机会去做了。我后悔自己当时没有写信给 N 年后的自己。

再后来的某一天，我和朋友在上海的一家青年旅舍的屋顶酒吧喝啤酒，发现了他们店里也有一架"时光机"，于是决定给 N 年后的自己写封信。关于具体是多少年，我想了一下，一年太短了，也许和现在比起来变化不会很大，五年好像又有点太长了，在这个快节奏、一切都在变化的时代，我都不知道自己五年后会在哪里。三年也许正好，不长也不短，于是就决定给三年后的自己写封信。在这封信里，我写了自己的愿望，列了自己最想做的且必须要去完成的几件事：带父母出门旅行一次，自己出国旅行一次，写一本书，拥有 10 万元存款，等。也写了虽然不是那么具体有形的事件，但是对自我成长来说非常重要的内容：

亲爱的 Melya，三年后你就 28 岁了，我希望那时你还在坚持晨跑，还保持着这种积极健康的生活方式，也许到那时你还参加过一两次 10 千米跑步的比赛也不一定呢！

我希望那时的你拥有更多志趣相投的朋友，大家可以一起看电影、看话剧、看展览、聊人生、聊梦想，有朋友的生活一点都不孤单。

我希望那时的你投入更多的时间给自己的兴趣爱好，花更多的时间读书、写作。我还希望你更自由一些，去做自己喜欢做的事情，去自己喜欢去的地方，去爱自己想爱的人。

　　我希望那时的你比现在更懂得打扮自己，更懂得什么东西适合自己、什么东西不适合自己，懂得选择和舍弃，每天能给自己化个淡妆，出门前对镜中的自己微笑，说，你真美！出门后能够更昂首挺胸地走在街上，自信又美丽。

　　我希望三年后的你能获得成长，开始拥有一颗稳定的心，不畏惧生活，不再匆忙和慌张，不易患得患失，活得更从容，更淡定，更加自信，开始变得不害怕生活中的任何变化，但凡工作、情感、朋友发生变化都能视为一种最自然、最正常的状态，并能全然接受那些变化，因为深深明白"变是世间唯一的不变"。

　　我希望三年后的你能有一个深爱的人，并且他也深爱着你。如果没有一个爱人，那也没有关系，虽然社会上会把这样年纪还单身的女生叫作"剩斗士"，但是只要你还相信爱，也能爱着自己，能够热情地过好自己每一天的生活，这就很棒了。因为你明白爱情的道路本就充满未知，也是崎岖艰难的，从古到今，这一点都没有变过。如果真的那么容易就能找到相爱的人，那么"愿得一人心，白首不相离"就不会成为经典诗歌流传下来了。

　　我还希望28岁的你与现在相比，拥有更加独立的思考和更好的判断能力，拥有更独立更成熟的人格，对事对人的认识能够更透彻也更宽容。真正做到严于律己、宽以待人，能够温柔而宽容地对待身边的每一个人。

也许到那时候，你不会有更丰厚的物质生活，但我希望你获得成长与进步，更懂得如何去爱自己、爱他人和爱生活。

你希望三年后的自己拥有怎样的生活？你希望三年后的自己成长为怎样的一个人？现在的你对三年后的自己又有怎样的期待？给三年后的自己写一封信吧，然后记住信的内容，从现在开始努力成长，不要让现在的你对那个未来的自己感到失望，积极行动起来，去成长为自己心中期待的那个样子吧。

希望三年后的你看到这封信时能够面带满意的笑容，对自己充满肯定与赞赏，因为你对自己所有的期待都成真了，你成长为自己心中想要的模样了！

PART 3

所有的仪式感，都是为了做一个更好的自己

设定你自己的人生目标

　　人生目标像花一样美丽动人，像海一样波涛汹涌，更像爬山一样要勇敢攀登。 人办事，保持清醒和理智，先后分明、条理清楚，最重要的是要给自己设定一个明确的人生目标或计划。

　　人生在世，都向往着成功和幸福。 可现实却告诉我们，真正成功的人毕竟是少数，而不成功的人却比比皆是。 为什么呢？ 无数位成功者的经历都很一致：他们都有自己的人生目标，并且付诸行动脚踏实地地去实现目标。 给自己设定目标，是帮助你成长和取得成就不可不做的事。

　　唐太宗贞观年间，长安城西的一家磨坊里，有一匹马和一头驴子。它们是好朋友，马在外面拉东西，驴子在屋里推磨。贞观三年，这匹马被玄奘大师选中，出发经西域前往印度取经。

　　17 年后，这匹马驮着佛经回到长安，它重到磨坊会见驴子朋友。老马谈起这次旅途的经历："浩瀚无边的沙漠、高入云霄的山岭，凌峰的冰雪、热海的波澜……"那些神话般的境界，使驴子听了大为惊异。驴子惊叹道："你有多么丰富的见闻啊！那么遥远的道路，我连想都不敢想。""其实，"老马说，"我们跨过的距离是大体相等的，当我向西域前进的时候，你一步也没停止。不同的是，我同玄奘大师有一个遥远的目标，按照始终如一的方向前进，所以我们打开了一个广阔的世界。而你被蒙住了眼睛，一生就围着磨盘打转，所以永远也走不出这个狭小的天地。"

寓言故事很简单，但我们从中却能看到一些生活的本质。我们都知道，芸芸众生中，天才与白痴都是极少数，绝大多数人的智力都相差不多。然而，这些人在走过漫长的人生之路后，有的名扬天下，有的却碌碌无为。本是智力相近的众生，为何成就却有天壤之别呢？卡耐基的一份调查或许能够说明问题。

卡耐基曾对世界上一万个不同种族、年龄与性别的人进行过一次关于人生目标的调查。他发现，只有3%的人能够明确目标，并知道怎样把目标落实；而另外97%的人，要么根本没有目标，要么目标不明确，要么不知道怎样去实现目标……10年之后，他对上述对象再一次进行调查，结果令他吃惊：调查样本总量中5%的人找不到了，95%的人还在；属于原来97%范围内的人，除了年龄增长10岁以外，在生活、工作、个人成就上几乎没有太大的起色，还是那么普通与平庸；而原来与众不同的3％，都在各自的领域里取得了相当的成功，他们10年前提出的目标，都不同程度得以实现，并正在按原定的人生目标走下去。

原来，杰出人士与平庸之辈最根本的差别并不在于天赋，也不在于机遇，而在于有无人生的目标！ 就像那匹老马与驴子，当老马始终如一地向西域前进时，驴子只是围着磨盘打转。 尽管驴子一生所跨出的步子与老马相差无几，可因为缺乏目标，它的一生始终走不出那个狭小的天地。生活的道理同样如此。 对于没有目标的人来说，岁月的流逝只意味着年龄的增长，平庸的他们只能日复一日地重复自己。

想想我们自己，是像老马一样还是像驴子一样？

一个人没有目标，就像驴子一样，整天在不停地忙碌，却总在原地打转；就像一艘轮船没有舵一样，只能随波逐流，无法掌握，最终搁浅在绝望、失败、消沉的海滩上。 法国著名的自然学家约翰·亨利·费伯勒用一些被称作宗教游行毛虫的小动物做了一次不同寻常的实验。 这些毛虫喜欢盲目地追随着前边的一个，所以得了这么个名字。 费伯勒很仔细地将它们在一个花盆外的框架上排成一圈，这样，领头的毛虫实际上就碰到了最后一只毛虫，完全形成了一个圆圈。 在花盆中间，他放上松蜡，这是这种毛虫爱吃的食物。 这些毛虫开始围绕着花盆转圈，它们转了一圈又一圈，一小时又一小时，一天又一天，它们围绕着花盆转了整整七天七夜。 最后，它们全都因饥饿劳累而死。 一大堆食物就在离它们不到6英寸远的地方，它们却一个个地饿死了。

食物就在身边，毛虫却看不到。目标就在身边，你看到了吗？身边的人都在那样做，于是你就跟在大家后面，和他们一样，是这样吗？如果是这样的话，你只能跟大多数人一样碌碌无为。

目标，是一个人未来生活的蓝图，也是人精神生活的支柱。

爱因斯坦年仅26岁时，就在当时物理学的几个领域做出了第一流的贡献，美国波士顿大学生化教授阿西莫夫令人难以置信地写出200余部科普著作。为什么他们能够有此成就？仅仅是由于他们的天赋吗？

爱因斯坦曾在他的自述中说："我看到数学分成许多专门领域，每一个领域都能费去我们所能有的短暂的一生……物理学也分成了各个领域，其中，每一个领域都能吞噬短暂的一生……可是在这个领域里，我不久就学会了识别出那种能导致深邃知识的东西，而把其他许多东西撇开不管，把许多充塞脑袋，并使它偏离主要目标的东西撇开不管。"

爱因斯坦的成功，并不是因为他有数倍于他人的智慧，而是因为他懂得把自己的精力放在最重要的事情上。什么是最重要的事情？只有那些关乎你实现目标的事情才是对你而言最重要、最有价值的事。

那么，这就很明确了，我们在人生中行走乃至奔跑，过程固然重要，但只有目标的引导才能使你一生的奔忙不至于失去方向。目标是人生航行中的灯塔，拥有它，你就比较能够摒弃杂念、排除阻碍、勇往直前。

上面的寓言故事中，在驴子看来，那么遥远的道路，自己想都不敢想。 实际上，只要一步一步走下去，就是在不断接近目标。 如果你觉得自己想要达成的目标太过遥远，那么可以把它们分成一个个小的目标，慢慢实现。

曾有过报道，科学界早已发现，一个人的生活态度对其身体健康有影响。 专家认为，人类发病的原因当中，心理因素占到了 30%。 生活中是否有目标，这决定了一个人的心态，进而决定其生理状况。 设定了目标，就有了追求，也就有了一个好的心态，从而拥有一个健康的体魄。 这就是人生目标的魅力之所在。

人生的道路上，你有目的或目标吗？ 你一定要有个目标，因为就像你无法从你从来没有去过的地方返回一样，没有目的地，你就永远无法到达。

你只有切实地、精细地、明确地树立起目标，你才会认识到你体内所潜藏的巨大能力。 你千万不要把它当作某种"居无定所的普通东西"，而要把它看作一种"意义极大的特效药"。 你的目标现在怎么样？ 它们是很清晰呢，还是像原来一样模糊一片？

许多人都犯了同样的错误，对生活提供的巨大财富，只能收获到一点点。 尽管未知的财富就近在眼前，他们却得之甚少，因为他们盲目地、毫不怀疑地跟着圆圈里的人群无目的地走着。 他们随波逐流，只是因为"事情一直就是这样做的"。

没有目标的人，把生活寄在现在；有了目标的人，把生活交给未来。 如果你不想浑浑噩噩地度过一生，那么就要不断地提醒自己，务必给自己设定目标，这样才能开启希望之船。

参加一次葬礼，感受生命的意义

人的一生，从推开生命之门那一刻开始，你就走进了生命的殿堂，像一个好奇的旅客，每一件新奇的事物都想去探究，每一个美好的东西都想拥有。这殿堂太大了，而旅程始终是有时间限定的，不管你有多少舍不得，你还得磕磕碰碰地向前。

时间就是如此，始终如一地向前，没有后悔与回头的机会，而我们每个人所能做的，就是坚持循着自己的梦想，无怨无悔地走过。

生命就是如此，因为有限而十分宝贵，若不知珍惜，若还在为昨日后悔，就无法抓住今天，无法把握明天。

每一天，都有许多人悄然降生，其间多少悲喜耐人寻味。

人类生生不息，社会千变万化，生产和消费依然是人类生活的主要内容。人们每天都在消耗生命，以换取维持生命的条件，看似一组矛盾，却又相互依存。到最后，幸福的人带着无限眷恋，苦恼的人带着不尽遗憾，都免不了离开人间。

但是这来去之间，意义何在？

　　当我们回想自己的童年，会悲哀地发现，竟然不知自己何时有了思想，何时有了记忆，何时学会说话，何时开始走路。我们更不记得刚出娘胎时是悲还是喜，或者还有别的什么感觉。于是有人说，人一生下来第一声啼哭，正是对痛苦一生的哀鸣，至于是不是如此，还是那句话，天知道。

　　当一个老人最后离开了人间，有人说他上了天堂，有人说他下了地狱，还有的说他永垂不朽，成了神。但无论如何，他从此没了音讯，我们还是无法证实他是变成了灵魂，还是只剩下那把骨灰。

　　生命就是这样脆弱，我们也没办法预知未来，不知道它什么时候就会戛然而止。既然看不到过去，也看不到未来，于是人们就更加珍惜现在，就是为什么生命如此可贵。于是，剥夺别人的生命成了最大的罪恶，而主动献出自己的生命则是最大的无私。再引申下去，时间成了最宝贵的财富，效率是人人羡慕的技能。

　　人们往往感觉不到生命的可贵，因为他们的生命还很漫长。他们的生活太精彩了，以致他们没有时间认真地考虑生与死的问题。于是，也不知道浪费时间和浪费生命，更不知道效率不只是可以多给老板挣钱。待到他们醒悟的时候，一大段的生命已经过去了，这是永远无法弥补的损失。

　　特别是年轻人，往往感觉不到生命的珍贵，因为他们认为时间很多很多，感觉生活有很多美妙和快乐，而忽略了生命的短暂和时光的流逝。青春，一生只有一回，过去了就不复返。

所以，年轻人要去参加一次葬礼，真切地感受一下人们对死亡的态度。死去何所道，托体同山阿。亲戚或余悲，他人亦已歌。生命如此短暂，匆匆的一生，你得到了什么、失去了什么？假如生命即将结束，你会不会有一些遗憾？那么这剩下的一段人生路，你又该如何走过？

我们来看一下陆幼青在他的《死亡日记》里，是这样反思生命的——

　　我时常感觉自己就像走在一条很长的、幽暗的、有着半圆屋顶的走廊里，我每走过一扇门，那扇门就在我背后"砰"的一声关上，永远不再打开。

　　在很远的走廊尽头，有一点光，也就是这一点光，在吸引着我，往前面走。

　　我知道，我已经走进了那东湖边的大房子了，虽然冬天还没有来临。

　　我在里面了。

　　这每一扇门，代表着我所做过的、我所能做的、我所享受过的每一件美好的事情。我走过它，它就对我关上，一样的事情在我的背后结束，我就像古代的那个智者，听到自己背后的那个水缸破碎的声音，没有回头。我知道，回头也没有用，回头看到的也是残骸和废墟。

　　我想，每个人都会走过这条长廊。

　　始终是要睡去的，离死亡还有多久呢？我想是不远了。

　　意志在跟死神的搏斗中是有用的，笑容也一样，好在意志是可以购买的，它的货币，是痛苦。

而笑容，是自产自销的。

所以，亲爱的朋友，请你，也珍爱你的生命！

珍爱生命，要学会善待自己，学会放飞自己，让自己更贴近自然。生活中有许多有趣的事，生命中有许多美好的东西，我们完全可以去尝试着做自己喜欢的事。踢踢球、上上网，与朋友去郊游，去大海里游泳，去小溪边钓鱼，去看看喜剧片，去爬爬山，去看看飞瀑，去听听涛声……那么多的事等着我们去做，那么多的开心需要我们参与。我们奔跑，我们跳跃，我们欢笑，我们歌唱，这一份美好，皆因有了生命。

珍爱生命，要让自己的生命有所价值。充实自己、提高自己，为了人生的充实，为了生命的完美，你没有理由不努力，让生命因奋斗而精彩。

珍爱生命，还要学会以一颗平常心对待生活，适时调整自己的心态，平静地面对生活中的一切。要相信，人生没有过不去的坎儿。

司汤达的墓碑上，刻有他的三句话："活过了。写过了。爱过了。"每个人的一生，都被自己播下的热情追逐着。生命有时寂静无声，有时疲惫不堪，有时转瞬即逝，但对于他们来说，只要践踏过这片土地上的尘埃，数过这一片天空的星星，观赏过这一路上的风景，仍不失为一种完美："出生是最明确的一场旅行，死亡难道不是另一种出发？"

塞内卡说过："生命如同寓言，其价值不在长短，而在内容。"生命只有焕发光彩，方不辱没生命的意义。

生命需要精彩，精彩燃烧出生命的辉煌。

巴斯德说："生命在最危险的环境中，方是真正的生命。"小草生长在瓦砾之中，才显出它生命的精彩；苍松矗立于绝壁之上，才显出它生命的精彩；骆驼奔走于沙漠之中，才显出它生命的精彩。只有精彩的生命才能在宇宙之中永生不灭。

　　生命有意义才会精彩，精彩的生命才会有意义。

　　凡·高的一生融入了向日葵，把艺术的精华留给了人类，他的生命是精彩的；贝多芬的一生奉献给了音乐，用生命之曲唤醒人类，他的生命也是精彩的；马克思把他的一生奉献给了共产主义事业，他的生命也是精彩的；焦裕禄把他的一生奉献给了兰考人民，他的生命同样是精彩的……巴金说过："寒冷寂寞的生，不如轰轰烈烈的死。生命如果没有意义，那么尽早就结束它。"

　　小草，把绿色献给春天，使它的生命变得精彩；清泉，把它的甘醇流淌入干渴者的心田，使它的生命变得精彩；红日，把它的温暖传递到严寒的隆冬，使它的生命变得精彩。花开不是为了凋谢，而是为了结果；结果也不是为了终结，而是为了重新生。生命亦是如此！

　　生命短暂，绵延千里，却是永恒。

　　珍爱生命，请从参加一次葬礼开始！

每天留给自己半个小时用来读书

你是否曾百无聊赖地熬着日子，望断天涯去寻找一方内心的踏实，然而仍是恍恍惚惚，怎么也无法充实起来？ 空虚的人，大多是心里惶惶无所事事者，我们费尽心思追问生命的意义，到头来也就是想摆脱精神的空虚。

这时候，倒不如用书籍来驱走空虚，当你因读书而沉浸在一件有意义的事情里时，空虚反而隐身遁形了。 目光空洞、唉声叹气不是摆脱的办法；为完成任务埋头工作，也不是聪明的选择；心若渴望着像大地那样丰厚的充实，恐怕还得用书籍来填满时间比较切实可行。 因为，正如"人类最伟大的戏剧天才"莎士比亚说的那样，书籍是全世界的营养品。有了书籍源源不断的滋养，就如同花朵有了阳光和肥料的培育，人的精神不但不会感到空虚，反而会绽放出最美丽最灿烂的思想之花。 所以，你只需要每天拿出半个小时的时间，来享受和以书为载体的人类智慧的交流，你的思想就会变得越来越充实，越来越感到生活的美好。

古今中外，有那么多名人轶事都与读书有关。晋代车胤家境贫寒，买不起灯油，为了在夜晚读书，他将萤火虫装进纱袋里作为照明之用；寒风凛冽的冬季夜晚，孙康卧雪，只为借着雪的反光享受读书的乐趣；为了读书，汉朝孙敬头悬梁，战国苏秦锥刺股……到了近现代，名人们对书籍的热爱更是有增无减。伟大的革命先行者孙中山先生就曾说过："我一生的嗜好，除了革命之外，就是读书。我一天不读书，就不能够生活。"我们伟大的开国领袖毛主席，他也是一个非常热衷于读书的人。不管公务多么繁忙，他始终坚持挤出可能的每一分每一秒留给书籍。比如在游泳前做热身运动的几分钟里，他要看上几句名人名言；上厕所时，也要手捧一本书；外出视察工作，总是要带一箱子的书，坐在颠簸的火车上，也看得津津有味。书籍带给人精神上的愉悦是任何物质上的享受无法比拟和取代的。

可是，现代的人们似乎越来越不爱读书了。大家总是说自己工作很忙、生活节奏非常快，我们很多人有时间去酒吧，有时间去 K 歌，有时间去网上闲逛，怎么就是没时间读书？毛主席一生读了整整七遍《资治通鉴》、三遍《资本论》、八遍《红楼梦》，连日理万机的主席都有时间阅读大量的书籍，我们不应该把没有时间作为不读书的理由。也许是现在的我们被太多诱惑包围，已经难以将浮躁的心沉静下来了。这个时候，才更需要书籍来涤荡我们心灵上的尘埃，用前人的智慧为自己的前路点一盏明灯。

每天我们只用半个小时，来换取极大的精神享受，这本身就是莫大的诱惑啊。这个时候，你可以泡一杯香茗或者咖啡，放上一段悠扬的音乐，暂时远离现实生活中的纷纷扰扰，将自己沉浸在文字构筑的世界里，充分享受阅读的乐趣。 读唐诗宋词，你将感受到骚人墨客们浪漫脱俗的文人情怀；读名人传记，你可以了解到他们的生平和成功的秘密；读各国小说，你会见识到不同国家不同年代的人生百态；读旅行游记，你将领略到世界各地的风土人情和文化底蕴……书籍，会不断为你打开一片又一片新的人生天地。

不要小看这短短的半个小时。 你想想，每天半个小时，这样日积月累，你读的书就会越来越多，获得的知识也会越来越丰富，这样的人生将会是无比充实的。

每天给自己半小时，让自己徜徉在书的海洋里，让自己拥有一份宁静自在的心情。

时时拂拭心灵，为自己写一部"忏悔录"

我们的一生总是会伴着大大小小的错误。有些我们能够改正，有些错误一旦发生，就成为永久的遗憾。身处其中时，很多人都不以为意，意识不到自己错在哪里，也不懂得珍惜。可是，现实给我们来个措手不及，在最初的惊慌失措之后，我们将会在与自己内心独处的时刻慢慢体会到深深的悔意和自责，它们就像那清冷的月光一点一滴渗透进我们的心里。

仔细想一想：你是不是也曾宁愿把时间花在工作上或者和朋友的吃喝玩乐上，也不愿周末抽出点时间去陪陪望眼欲穿的父母？你是不是也曾因为在工作上受了委屈，却回到家冲无辜的家里人大发脾气？有没有因为误会和爱人大吵大闹过，那一刻似乎什么后果都不顾似的尽说些伤害对方的话、做些伤害彼此的事、有没有因为自己的不够勇敢和不够坚持而错过了不少精彩绝伦的经历，抑或者你也曾在工作上犯过一些本来可以避免的错误，致使长久的努力付诸流水？有时候是不是也不得不做一些违心的事，只因为一句话"人在江湖，身不由己"……总之，我们的错误会有很多，遗憾也会不少，但不是每一个人都懂得反省、懂得忏悔。 当我们终于意识到这些人生的损失时，抱怨和悔恨可能会像洪水一样将我们吞没，可是生活还得继续，人的内心不应该也承受不起那么多沉重的包袱。 此时，忏悔便是对我们心灵最好的拯救。

其实，错误和遗憾并不可怕，可怕的是，只有遗憾而没有从中懂得人生的道理，以致在以后的生活中一而再再而三地犯同样的错误。 时间是有限的，人的精力也是有限的，谁都不愿意把如此宝贵的时间和精力浪费在犯同样的错误上，所以不如将自己的错误和遗憾记录下来，同时记录下内心的忏悔。 这样既是对自己的告诫、对以后生活的负责任，也是对自己心灵的救赎。

忏悔，需要我们有直面人生的勇气、敢于揭露自己错误的魄力、客观公正的评判标准和下定决心悔改的毅力。 当我们终于能够坦然地面对自己的内心，为过往生活的所作所为真心忏悔时，我们的心灵已经得到了洗礼，灵魂已经得到了拯救，而未来的生活必定将走得更加坦荡。 为自己写下一部忏悔录，时刻鞭策自己，也提醒自己不要再犯同样的错误，也不要给人生留下无法弥补的遗憾。

每天静坐半小时

每天给自己一点时间，心静则一切豁然开朗。

　　一个大地主，到农户家收田租。到了农夫的谷仓，地主东转转西看看，不知何时把心爱的怀表弄丢了。地主心急如焚，那可是他花了不少银子买回来的宝贝啊。农夫也不知如何是好，只好去把村里所有人找来寻找怀表。但是一群人翻遍了谷仓，怀表依然不见踪影。

　　天色渐渐晚了，光线也越来越暗了，地主一脸失望的神情，村里的人也一个个回家去了，但是有个小孩儿留了下来。"我有把握找到你心爱的怀表。"小孩儿告诉地主，信心十足。

　　"好吧！那就麻烦你，找到了我会奖赏你的。"

　　只见这个小孩儿走近谷仓，找定位置后，静静地坐了下来。一切都安静了，悄然无声，但是有个小小的声音从谷仓的右后方角落传来。

"嘀嗒，嘀嗒，嘀嗒……"

小孩儿像猫一样，轻轻地循声走向右后方角落去。到了附近，小孩儿俯身下来，耳朵贴地，在一堆稻草中找到了怀表，走出谷仓，露出得意的微笑，朝地主走去。

人生会遭遇许多事情，其中很多是难以解决的麻烦事，这时如果被内心的烦恼和烦躁所困扰，往往茫茫然不知如何面对。如果能静下心来好好想想，往往会恍然大悟，有意想不到的收获，心静则一切豁然开朗。

这个世界不再让人拥有一个安静的可以独处的地方。我们每天都处于喧嚣的人群之中，在这种喧嚣中我们听不到自己的脚步声和心跳声。我们总是被家人、朋友、同事围绕着，各种关系就像一张密不透风的网罩在头上。我们的耳边充斥着噪音，人声喧哗，我们忍受着繁忙的工作、家庭琐事的无穷折磨。在这样的环境下，生活太久，无论是谁都会感到烦躁，但我们无处躲藏，只有承受。我们每天的神经都绷得紧紧的，得不到一丝喘息的机会。

在这样的时候，你就应该找一段时间静一静，让那段时间完全属于你自己，静静地思考一下，好好地倾听来自心灵的声音。

有了这种自我的心灵交流，你不仅不再感到生活的烦恼，还会以一个宁静的心态去面对世界上的一切喧闹。许多人之所以过着一种忧郁、烦躁的生活，其原因之一便是他们不能从那些使自己忧郁、烦躁的事情上解脱出来，因而他们无法使自己获得心灵上的宁静与和谐。

静心在日本、韩国等国家的企业得到了非常高超的应用，比如日本许多高层管理者要定期到寺院进行打禅修行。为什么要去参禅论道呢？ 做企业跟禅有什么关系？

　　因为现在的人们是处在一个物欲横流、纷杂错乱的现实社会里面，管理者在诱惑面前，往往会"雾失楼台，月迷津渡"。 参禅可以让他们静下心来，认真思索人生的大义，反思己身之过失，以及参悟管理之真谛。

　　大家知道，一杯浑浊的水只有静置一会儿，才能够清浊自现。 人生也是这样，只有静下心来，才能用自己的智慧去洞察人生之道，正确认知反省自己。

　　一辈子无所成就、庸庸碌碌的人当中，其实有不少人能力很强，但他们总是被环境所扰，整日烦躁不安，处于心态失调的状态，因而他们无法有效地开展工作。 只要有人能够保持内心的宁静与和谐，那他们也能干出非凡的事业来。

做好时间管理

上天最公平，它给每个人都是一天 24 小时，1440 分钟。穷光蛋与百万富翁的差别就在于他们是如何利用这些时间的。

　　著名的化学家卢瑟福有一间实验室，四周的墙角摆着装满各种仪器的木柜，屋子中间的长条桌上，也放着盆、烧杯和其他奇形怪状的东西，空气中充满了酒精、硫黄和其他药物混杂在一起的怪味儿。

　　屋内，卢瑟福正和他的助手在做实验。他是一个严肃认真的人，为了争取时间，往往忘了自己的一切。他同助手忙了一阵，实验做完了。卢瑟福读着硫化锌的闪烁读数，对助手说："快，把我的读数记下来。"

　　"实验记录本？"助手跳起来惶然四顾。他忽然记起了记录本还在另一个房间，他正想去拿，卢瑟福生气了，厉声叫道："记在你的袖子上。"惊慌的助手便真的在袖子上写了起来。

　　事后，卢瑟福看见助手弄脏了衣服，说："真对不起！但有什么办法呢？注意力要高度集中啊，当时不记在袖子上，就会忘记，那样我们的实验还得从头做，那浪费的时间就太多啦。"助手深有所悟地点点头。

　　法国思想家伏尔泰曾说："世界上什么东西是最长的又是最短的、是最快的又是最慢的、是最能分割的又是最广大的、是最不受重视又是最令人惋惜的？没有它，什么事情都做不成；它使一切渺小的东西归于消失，使一切伟大的东西生命不绝。"谁都能猜到，这个"东西"就是"时间"。

　　每天你一起床，就有一笔财富在你手里，那就是时间。只要我们拥有时间，那么我们就是富有的。因为，我们每天都拥有86400秒的时间可以支配。如果你不珍惜，时间就会像风一样从你的身边溜过，给日子留下一片苍白。当你懂得珍惜，知道让每一秒的时间都应该给生活涂上一抹色彩，那么你的人生自然就绚丽起来了。

　　记得有人说过：想要体会"一年"有多少价值，你可以去问一个失败重修的学生；想要体会"一月"有多少价值，你可以去问一个不幸早产的母亲；想要体会"一周"有多少价值，你可以去问一个周刊的编辑；想要体会"一小时"有多少价值，你可以去问一对等待相聚的恋人；想要体会"一分钟"有多少价值，你可以去问一个错过火车的旅人；想要体会"一秒钟"有多少价值，你可以去问一个死里逃生的幸运儿；想要体会"一毫秒"有多少价值，你可以去问一个错失金牌的运动员。 所以，请珍视你所拥有的美好时光，努力发挥时间的最大价值。 时间对于每个人都是公平的，导致不同命运的原因就在于你是如何去珍惜它、利用它。

一个人珍惜时间，就是爱护他自己的生命。 自古以来，大凡取得成就的人，他们没有一位不是珍惜时间的。 大发明家爱迪生，平均三天就有一项发明，正是抓住了分分秒秒的时间进行了仔细的研究，单是寻找用什么材料来做电灯丝就做了一千多个实验。 马克思临死前还在争分夺秒地写《资本论》。 这些事例都生动地说明了：一个人要想在有生之年做点贡献，就必须爱惜时间。 所有的成功人士都是珍惜时间的高手，成功与失败的界限也就在于如何管理时间。

有许多名人很会利用时间。 法国著名空想社会主义者圣西门，年轻的时候，为了改掉睡懒觉的坏习惯，每天早晨，规定仆人用这样一句响亮的话来喊醒他："起来吧，伟大的事业在等待着你！"还有更绝的法子：法国著名博物学家布丰，早晨难以按时起床，他雇了个仆人来催促他，交代仆人每天早晨 5 点钟一定要把他叫起来，并且规定，如果叫不醒，可以拖着他的脚，一直拖到地板上。 要是他发脾气的话，仆人可以动武。

惜时如金，是一切成功人士必备的素质。 明日复明日，把一切事情都留待明日去做，将一事无成。 要想成功，就必须善于管理时间，把握现在，珍惜分分秒秒，才有成功的可能。

比利时《老人》杂志曾在全国范围内，对 60 岁以上的老人开展了一次题为"你最后悔什么"的专题调查活动。 调查结果很有意思：

72％的老人后悔年轻时努力不够，以致事业无成；

67％的老人后悔年轻时错误地选择了职业；

63％的老人后悔对子女教育不够或方法不当；

58％的老人后悔锻炼身体不足；

56％的老人后悔对伴侣不够忠诚；

47％的老人后悔对双亲尽孝不够；

41％的老人后悔选错了终身伴侣；

36％的老人后悔自己未能周游世界；

32％的老人后悔自己一生过于平淡，缺乏刺激；

11％的老人后悔没有赚到更多的金钱。

60岁的人，已是夕阳晚照，回首往事，对自己自然能够做出较为客观而公正的判断。这些对于回首往事的老人虽然是终生遗憾，但对于年轻人来说，却是比什么都珍贵。

著名作家茅盾说过："过去的，让它过去，永远不要回顾；未来的，等来了时再说，不要空想；我们只抓住了现在，用我们现在的理解，做我们所应该做的。"那么，要想人生没有遗憾，成就你的卓越人生，那就从现在起，珍惜时间，做好时间管理！

关于时间的道理众所周知，但如何利用和管理时间走向成功呢？试着按照下面的方法去行动，你一定能利用好时间，走向成功：

1.时间管理首先就要设立明确的目标。所以，你必须把今年的4—10个目标写出来，找出一个核心目标，并依次排列重要性，然后依照你的目标设定一些详细的计划，然后依照计划进行。

2. 列一张总清单，把今年所要做的每一件事情都列出来，并进行目标细分。比如，把年度目标细分成季度目标，列出清单；然后季度目标细分成月目标，并在每月初重新再列一遍；另外，每个星期天，把下周要完成的每件事列出来；同时，每天晚上把第二天要做的事情列出来。

3. 运用二八定律。用你 80％的时间来做 20％最重要的事情，因此你一定要明确，对你来说，哪些事情是最重要的，是最有影响力的。

4. 每天至少要有半小时到一小时的"不被打扰"时间。假如你能有一个小时完全不受任何人干扰，就自己关在自己的房间里面，思考一些事情，或是做一些你认为最重要的事情。这一个小时可以抵过你一天的工作效率，甚至有时候这一小时比你三天工作的效率还要好。

5. 同一类的事情最好一次把它做完。比如打电话的话，最好把电话累积到某一时间一次把它打完。当你重复做一件事情时，你会熟能生巧，效率一定会提高。

6. 做好"时间日志"管理。每天从刷牙开始，到晚上睡觉，把每天花的时间一一记录下来，做了哪些事、花了多少时间，你会发现浪费了哪些时间。当你找到浪费时间的根源，你才有办法改变。

"时间是构成一个人生命的材料。"每一个人的生命是有限的，属于一个人的时间也是有限的。所以，要想不虚度一生，成就一番事业，就珍惜时间，把握现在，开始行动吧！

每天告诉自己——你真棒

你认为自己是一个什么样的人，就会成为什么样的人。

　　战后受经济危机的影响，日本失业人数陡增，工厂效益也很不景气。一家濒临倒闭的食品公司为了起死回生，决定裁员三分之一。有三种人名列其中：一种是清洁工，一种是司机，一种是无任何技术的仓管人员。这三种人加起来有30多名。经理找他们谈话，说明了裁员意图。清洁工说："我们很重要，如果没有我们打扫卫生，没有清洁优美、健康有序的工作环境，你们怎么能全身心投入工作？"司机说："我们很重要，这么多产品没有司机怎么能迅速销往市场？"仓管人说："我们很重要，战争刚刚过去，许多人挣扎在饥饿线上，如果没有我们，这些食品岂不要被流浪街头的乞丐偷光！"经理觉得他们说的话都很有道理，权衡再三决定不裁员，重新制定了管理策略。最后经理在厂门口悬挂了一块大圆，上面写着:"我很重要。"

从此,每天当职工们来上班,第一眼看到的便是"我很重要"这四个字。不管一线职工还是白领阶层,都认为领导很重视他们,因此工作也很卖命。这句话调动了全体职工的积极性,几年后公司迅速崛起,成为日本有名的公司之一。

其实,许多失败者缺少的不是能力,而是自信的心态。世上只有有独立意识的人才能敲开成功的大门,但是只有自信的人才能冲破一切困难阻碍,来到成功的门前。

小泽征尔是日本著名指挥家,他在参加一个世界指挥大奖赛时,成为三个决赛选手之一。演奏中,他发现一个不和谐音符,开始,他以为自己听错了,重新开始,仍然如此。于是小泽征尔向在场的专家询问,是不是乐谱有问题?此时,在场的专家向他保证乐谱绝对没问题。小泽征尔认真思索后大喊一声:"不,是乐谱错了。"话音刚落,评委席传出一阵热烈的掌声——原来,这是评委精心设计的"陷阱"……

如果对自己没有绝对的自信,在权威的评委误导下,小泽征尔也许会放弃自己的观点,从而与冠军擦肩而过。可见,自信是一个人最应具有的品德。莎士比亚说过:"对自己都不信任,怎么让别人信任你?"

其实,并不是因为有些事情难以做到,我们才失去自信，而是因为我们失去自信，有些事情才显得难以做到。山姆·史密斯认为，一个人的自信心，可以决定他是否成功。所以，你认为自己是一个什么样的人，就会成为什么样的人。

因为当年周瑜的自信，才有了赤壁大捷；也因为当年罗斯福的自信，才有了连任四届的总统……信心能创造奇迹，也能推动社会的进步，自信的力量有时让你难以想象。拥有自信的你时时刻刻会感觉到自己浑身是劲，对成功充满期待和憧憬，做任何事情都会保持一个良好的心态和乐观的态度。

罗曼·罗兰说过，先相信自己，然后别人才会相信你。所以，人自认为自己是怎样一个人比他真正是怎样一个人更为重要，因为每一个人都是按他认为自己是怎样一个人而行动的。自卑正是自认为自己能力不如他人，从而产生自卑感的。

然而现实生活中，总有人因为某种缺陷或短处而特别自卑，从而影响了他们一生。其实这些所谓的自卑理由都显得十分可笑，比如肥胖、矮小、贫穷……殊不知，没有人是完美无瑕的，拿破仑的矮小、林肯的丑陋、罗斯福的瘫痪、丘吉尔的臃肿……缺陷都非常明显而典型，可他们都毫不在意，并没有自卑自弃，反而生活得坦然自在，并在事业上取得了极大的成功。

生命没有高低贵贱之分。一只蜜蜂和一只雄鹰相比虽然不起眼儿，但它可以传播花粉从而使大自然色彩斑斓。所以，任何时候都不要看轻了自己。试着每天告诉自己——我真棒，你的人生也许会由此揭开新的一页。

有这样一位年轻人，刚开始工作的时候不是很顺利，因此觉得自己的前途没什么希望，非常沮丧颓废。有一天，他把自己的苦恼跟一位年迈的长者诉说，长者听完后给了他一幅油画，并对他说，"你把这幅油画拿到市场上去卖，但无论谁要买这幅油画，你都不要卖。"年轻人来到市场，第一天、第二天、第三天都无人问津，直到第四天才来人询问。到了第七天，这幅油画已经能卖到一个不错的价钱了。年轻人拿着油画，去找这位长者，他说："你再把它拿到拍卖会上去拍卖。"最后这幅油画以吓人的价格被一个富商买走。其实，这幅油画不过是一个初学者的习作，一幅很普通的油画。

　　这个故事说明一个道理：做人一定要有自信，尤其是要做一个优秀的、成功的人就必须要有强烈的自信，相信自己是最好的，相信自己一定会成功。

　　自信是世界上最伟大也是最神奇的力量：

　　一个女人，如果拥有自信，可以俘虏天下最优秀的男人，同时自己也变得更加美丽动人。

　　一个男人，如果拥有自信，等于拥有了未来的一切——事业、家庭和爱情。

　　一个员工，如果拥有自信，那他的工作效率会提高几倍，让人诧异他是否有点疯狂，创造出骄人的业绩。

　　一个管理人员，如果拥有自信，可以带领部下同过无数难关，让企业蒸蒸日上。

　　怎样才能重新建立自信心呢？ 英国心理学家克列尔·拉

依涅尔提出了10条帮助你增强自信心的规则：

1.每天照三遍镜子。 清晨出门之前，对着镜子修饰仪表、整理着装，务必使自己的外表处于最佳状态；午饭后，再照一遍镜子，修饰一下自己，保持整洁；晚上就寝前洗脸时再照照镜子。 消除对自己仪表的不必要的担心，更有利于你将注意力集中到工作、学习上。

2.不要总想着自己的身体缺陷。 每个人都有各自的身体缺陷，完美无缺的人是不存在的，对自身的缺陷不要念念不忘，其实，人们往往并没有那么在意你的缺陷。 只要少想，自我感觉就会更好。

3.你感觉明显的事情，其他人不一定注意得到。 当你在众人面前讲话感到面红耳赤时，你的听众可能只是看到你两腮红润，令人愉快而已。 事实上你的窘态并没有那么容易被其他人发现。

4.不要过多地指责别人。 如果你常在心里指责别人，这种毛病就可能成为习惯。 应逐渐地克服这种缺点，总爱批评别人的人是缺乏自信的表现。

5.多数人喜欢的是听众。 因此，当别人讲话时，你不要急于用机智幽默的插话来博得别人对你的好感。 你只要认真地倾听别人的讲话，他们就一定会喜欢你。

6.为人坦诚，不要不懂装懂。 对不懂的东西坦白地承认，这不仅不会损害你的形象，还会给人以诚实可信的感觉；对别人的魅力和取得的成就要勇于承认，并致以钦佩和赞赏。

7.在自己的身边找一个患难相助、荣辱与共的朋友。 这样在任何情况下你都不会感到孤独。

8.不要试图用酒来壮胆提神。 如果你害羞腼腆，那么就是喝干了酒瓶也无济于事。 只要你潇洒大方，滴酒不沾也会受到大家的欢迎，

9.拘谨可能使某些人对你含有敌意。 如果某人不爱理你，则不要总觉得自己有错。 对于有敌意的人，不讲话虽不是最好的方法，但却是唯一的方法。

10.一定要避免使自己处于一种不利的环境中。 否则，当你处于这种不利情况时，虽然人们会对你表示同情，但他们同时也会感到比你地位优越而在心里轻视你。

萧伯纳有句名言："有自信心的人，可以化渺小为伟大，化平庸为神奇。"自信从某种程度上来说，决定了你在职业上的发展高度。 有了自信，就没有你克服不了的困难，没有什么能阻挡你前进的脚步。

每天反省五分钟

在生活中，具有不断做自我反省的功夫，才能不断完善自己，令自己立于不败之地。

有一个青年，有一天在街角的便利店借用电话，他用一条手帕，盖着电话筒，然后说："是威廉先生吗？我是打电话来应征做园丁工作的，我有很丰富的经验，相信一定可以胜任。"电话那边说："小伙子，我恐怕你弄错了，我对现在聘用的园丁非常满意，那是一位尽责、热心和勤奋的小伙子，所以我们这儿并没有园丁的空缺。"

青年听罢便有礼貌地说："对不起，可能是我弄错了。"跟着便挂了电话。

便利店老板听了青年人的话，便说："年轻人，你想找园丁工作吗？我的亲戚正要请人，你有兴趣吗？"

青年人说："多谢你的好意，其实我就是威廉家的园丁，我刚才打的电话，是用以自我检查，确定自己的表现是否合乎主人的标准而已。"

孔子说过："吾日三省吾身。"就是说孔子每天都要多次自我反省来不断完善自己。这就是说，一个人做的每一件事不可能都是对的，当我们在发展自我的时候，我们都会出现错误或做得不够好，这就需要我们及时地反省自己，哪些地方还存在一些问题，将采取措施来补救，使自己尽量做得更完美完善。如果我们能够不断反省自己，自我完善就能发展自己、提高自我。

诚然，是人就会犯错误，就会有迷失方向、认错形势的时候。那么这个时候，一个人能否自我反省，是否善于自我反省就显得尤其重要了。人无完人，每个人在工作或者生活中肯定会有很多不尽如人意的地方，如果能够做到经常反省自己，发现自己的不足，精益求精，必然会迅速成长起来，为以后的自我完善和职业发展打下良好的基础。

夏朝时候，诸侯有扈氏率叛兵入侵，夏禹派他的儿子伯启抵抗，结果伯启吃了败仗。他的部下很不服气，要求继续进攻，但是伯启说："不必了，我的兵比他多，地也比他大，却被他打败了，这一定是我的德行不如他。带兵方法不如他的缘故。从今天起，我一定要努力改正过来才是。"

从此以后，伯启每天很早便起床工作，粗茶淡饭，照顾百姓，任用有才干的人，尊敬有品德的人。过了一年，有扈氏知道后，不但不敢再来侵犯，反而自动投降了。

自古以来，凡是成就大业的人，无不把反省作为自我修养的重要手段。早在两千多年前，周公一日三省其身，孔子提出了"吾日三省乎"，越王勾践就以"卧薪尝胆"的方式进行反省。早一天反省，早一天改过。

只有不断反省，才能保证正确的方向。反省，是一种最优秀的品质，只有经常反省的人才能进步。犹太人习惯于在周六长时间反省，因此他们即使在二战中遭受毁灭性打击，战后却迅速崛起，成为世界上最有名的商人。

反省是人生重要的功能，它是一种自我检查的活动，还是一种学习的能力，是认识错误、改正错误的前提。反省的过程，就是学习的过程。

美国通用公司CEO韦尔奇虽然工作很忙，但是每个星期六晚上，他总要抽出一晚上的时间，把自己关在书房里，安安静静地检查反思自己，自己在工作上有什么没做好，哪些地方今后应该继续做好，自己有没有武断地做出主观的决定。对于这每周必做的必修课，他的理由是：若每年检查一次实施成果，则一年只有一次机会可以改正错误；若每月检查一次，则一年有十二次机会改正错误；若每天衡量一次，则一年就有三百多次机会改正错误。所以，每天衡量次数增多，机会当然会相对增加。因为韦尔奇的工作实在太忙了，所以只能一周一次。正因为这样，韦尔奇才能领导着危机重重的通用一步步走向辉煌。

花一点点时间好好反省自己，你的人生道路就会大大改观。韦尔奇之所以取得这么大的成就，不能不说和他的坚持自我反省是有着巨大关系的。

人生最大的敌人是自己，只要能战胜自己的缺点，就能够战胜整个世界；人生最好的朋友也是自己，只要懂得发现自己的潜质，就能提高自己的才能。要想认识自己，就需要运用人生智慧，反观内心、反省己身，则必定有效。

所以，从现在开始，为了不断完善自己，每天反省五分钟。

成功在某种程度上来说，是一些良好的习惯导致的结果，而反省自己是每个人第一应该具备的好习惯。通过不断总结经验教训，好的方面精益求精，不妥当的地方力求改进，会反省才有进步。

你可以去按照下面的两种简单方法去做好自我反省：

1. 每天用笔在笔记本上做记录：我今天哪些地方做得不错？哪些地方做得不太好？为什么没做好？为什么能做好？做好的事情能不能做得更好？做不好以后该怎么做好？然后再给自己做个总结。每天或者每周都要抽出时间来做笔记，然后参照上次记录，看看自己是否有进步。

2. 每晚睡前的 5—10 分钟，进行反思。坐下来，参照时间安排表，快速回放这一天的情况。接着决定第二天必须做的几件事——这让你可以睡得像个婴儿似的。然后每天早上再用 15 分钟让自己集中精力复习你将要完成的任务。

奉献爱心，帮助最需要的人

有这样一则故事：

　　一天傍晚，他驾车回家。在这个中西部的小社区里，要找一份工作是那样难，但他一直没有放弃。

　　冬天迫近，寒冷终于撞击家门了，一路上冷冷清清。除非离开这里，一般人们不走这条路。他的朋友们大多已经远走他乡，他们要养家糊口，要实现自己的梦想。然而，他留下来了。这儿毕竟是他父母埋葬的地方，他生于此、长于此，熟悉这儿的一草一木。

　　天开始黑下来，还飘起了小雪，他得抓紧赶路。

　　他差点儿错过那个在路边搁浅的老太太，他看得出老太太需要帮助。于是，他将车开到老太太的奔驰车前，停下来。

　　虽然他面带微笑，但她还是有些担心。一个多小时了，也没有人停下来帮她。他会伤害她吗？他看上去穷困潦倒、饥肠辘辘，让人那么不放心。他看出老太太有些害怕，站在寒风中一动不动。"我是来帮助你的，老妈妈。你为什么不到车里暖和暖和呢？顺便告诉你，我叫乔。"他说。

她遇到的麻烦，不过是车胎瘪了，乔爬到车下面，找了个地方安上千斤顶，又爬下去一两次。结果，他弄得浑身脏兮兮的，还伤了手。当他拧紧最后一个螺母时，她摇下车窗，开始和他聊天。她说，她从圣路易斯来，只是路过这儿，对他的帮助感激不尽。乔只是笑了笑，帮她关上后备厢。

她问该付他多少钱，出多少钱她都愿意。乔却没有想到钱，这对他来说只是帮助需要帮助的人。他说，如果她真想答谢他，就请她下次遇到需要帮助的人时，也给予帮助，并且"想起我"。

他看着老太太发动汽车上路了。天气寒冷且令人抑郁，但他在回家的路上却很高兴，开着车消失在暮色中。

沿着这条路行了几英里，老太太看到一家小咖啡馆。她想进去吃点东西，驱驱寒气，再继续赶路回家。

侍者走过来，递给她一条干净的毛巾擦干她湿漉漉的头发。她面带甜甜的微笑，是那种虽然累了一天却也抹不去的微笑。老太太注意到女侍者已有近 8 个月的身孕，但她的服务态度没有因为过度的劳累和疼痛而有所改变。

老太太吃完饭，拿出 100 美元付账，女侍者拿着这100 美元去找零钱，而老太太却悄悄出了门。当女侍者拿着零钱回来时，正奇怪老太太去哪儿了，这时她注意到餐巾上有字，是老太太写的，女侍者眼含热泪读道："你不欠我什么，我曾经跟你一样。有人曾经帮助我，就像我现在帮助你一样。如果你真想回报我，就请不要让爱之链在你这儿中断。"

晚上，下班回到家，躺在床上，她心里还在想着那钱和老太太写的话，老太太怎么知道她和丈夫那么需要这笔钱呢？孩子下个月就要出生了，生活会很艰难，她知道她的丈夫是多么焦急。当他躺到她旁边时，她给了他一个温柔的吻，轻声说："一切都会好的。我爱你，乔。"

我们给予他人什么？给予我们所拥有的。有时是金钱，有时是益人之言，有时是一个微笑，有时是一句鼓励的话，有时是鲜花，有时是我们的才智，有时是全身心地投入把事情做好。

人最终是需要在道德上的自我肯定，他要通过社会来证明，自己帮助别人，是发自内心的，所以在做这件事的时候，一个理想的境界出现了。只有真正源自内心的善行，才拥有持久的精神动力，才感到自己对他人、对社会的作用和价值。

或许你今天不能给予他们太多，你能付出的是你的心而非你的荷包，是你的热忱而非物质。殊不知，爱比物质更能创造力量。

学一种乐器，给亲人最好的抚慰

音乐作为一种艺术，它之所以能打动人，是因为它能以动听的声音表现出一种情感，它所蕴含的宁静致远、清淡平和，可以使终日奔忙、身心俱疲的现代人得到彻底的放松。当我们生活的节奏变得越来越快、生活越来越紧张时，我们比以往更需要音乐。需要用音乐的纯净朴素去中和这个世界的纷繁复杂，用音乐的完美和谐去中和这个世界的混乱秩序，使我们的生活张弛有度。

音乐是天使的语言，它最容易触动我们的心灵，带给我们至美的享受。音乐是高尚的艺术形式，它可以陶冶情操、交流情感，为生活增添光彩。

有趣的是，在古代，音乐还是身份的象征。贵族们拥有不同规模的乐队。他们自己还要对音乐有所造诣，不然就会被其他贵族轻视为"乡下人""暴发户"。而真正的乡下人如果有音乐方面的天赋，反而会被贵族所欣赏。比如说贝多芬，这个农民的儿子，甚至成为奥地利皇储的老师，受到全体王室成员的尊敬。

或如《高山流水》般自然流畅，或如《梅花三弄》般婉转缠绵，或如《二泉映月》般哀婉曲致，或如《梁祝》般凄美动人……不一样的时刻，不同的心事和心情，独上西楼，望断天涯，寂寞无处遣的时候，或许，音乐是最好的寄托，依水而立，一曲诉尽无限心事。 这就是音乐中散发的无穷无尽的魅力。

也许你不会成为贝多芬，更不会成为猫王，这并没有什么。 但学会一种乐器，它将成为你一生不离不弃的朋友。 如果你会一点音乐，你的才情会张扬在你的歌声琴声中。 更重要的是，当你有了孩子以后，你的音乐才能也会令他睁大惊奇的双眸，开启他的心灵之窗。 当你的家人情绪不佳之时，你的音乐是他心灵上的一帖清凉剂，或者是春天里那和煦的微风，或者是冬天里暖洋洋的阳光……当音乐响起，这个世界所有的喧嚣不再，所有的疲惫也随风而散。

已经为人妻子为人母亲的卡林太太回想幼时学手风琴的经历，感慨万千：

当时是1960年，我还记得那天父亲费劲地拖着那架沉重的手风琴来到屋前的样子。他把我和母亲叫到起居室，把那个宝箱似的盒子打开。"喏，它在这儿了，"他说，"一旦你学会了，它将陪你一辈子。"

我丝毫没有父亲的雅兴。我一直想学的是一把吉他，或是钢琴。之前好多日子，我都粘在收音机旁听摇滚乐。在我狂热的头脑中，根本没有手风琴的位置。

接下来的日子，手风琴被锁在走廊的柜橱里，而我将开始上课了。我难以置信地看着母亲，企图得到帮助，但她那坚定的下巴使我明白这次是没指望了。

我在柜橱里翻出一个吉他大小的盒子，打开来，我看到了一把红得耀眼的小提琴。"是你父亲的，"妈妈说，"他的父母给他买的。我想农场的活儿太忙了，他从未学着拉过。"我试着想象父亲粗糙的手放在这雅致的乐器上，可就是想不出来那是什么样子。

紧接着，我在蔡利先生的手风琴学校开始上课。第一天，手风琴的带子勒着我的肩膀，我觉得自己处处笨手笨脚。"她学得怎么样？"下课后父亲问道。"这是第一次课，她挺不错。"蔡利先生说。父亲显得热切而充满希望。

我被吩咐每天练琴半小时，但我竖着耳朵听窗外女孩子的尖叫声，每天都试图溜开。但我的父母毫不放松地把我提回来练琴。

逐渐地，连我自己也惊讶，我能够将音符连在一起拉出一些简单的曲子了，父亲常在晚饭后要求我拉上一两段，他坐在安乐椅里，我则试着拉《西班牙女郎》和《啤酒桶波尔卡》。

音乐会一天天地迫近了，时间进入了倒计时。我将在本地戏院的舞台上独奏。"我不想独奏。"我说。"你一定要。"父亲答道。"为什么？"我嚷起来，"就因为你小时候没拉过小提琴？为什么我就得拉这蠢玩意儿，而你从未拉过？"父亲指着我："因为你能带给人们欢乐，你能触碰他们的心灵。这样的礼物我不会任由你放弃。"他又温和地补充道，"有一天你将会有我从未有过的机会，你将能为你的家庭奏出动听的曲子，你会明白你现在刻苦努力的意义。"

我很少听到父亲这样动感情地谈论事情，我哑口无言。从那时起，我练琴再不需要父母催促。

　　音乐会那晚，父亲提早下班，穿上了套服并打上了领带，还用发油将头发梳得光滑平整。

　　母亲戴上闪闪发光的耳环，前所未有地精心化了妆。

　　在剧院里，当我意识到我是多么希望父母能为我自豪时，我紧张极了。

　　终于轮到我表演了，我走向舞台，奏起《今夜你是否寂寞》。我演奏得完美无缺。掌声响彻全场，直到平息后还有几双手在拍着。我头昏脑涨地走下台，庆幸这场酷刑终于结束了。

　　时光飞逝，手风琴在我的生活中渐渐隐去了。在家庭聚会时父亲会要我拉上一曲，但琴课是停止了。我上大学时，手风琴被放到柜橱后面，挨着父亲的小提琴。

　　它就静静地待在那里，宛如一个积满灰尘的记忆。直到多年后的一个下午，被我的两个孩子偶然发现了。当我打开琴盒，他们大笑着，喊着："妈妈，拉一个吧，拉一个吧！"很勉强地，我背起手风琴，拉了几首简单的曲子。我惊奇于我的技巧并未生疏。很快地，孩子们围成圈，咯咯地笑着跳起了舞，甚至我的丈夫也像个小孩儿一样大笑着拍手应和着节拍，他们无拘无束的快乐令我一惊讶。

　　"有一天你会有我从未有过的机会，那时你会明白……"

　　父亲的话重又在我耳边响起，父亲说得没错，抚慰你所爱的人的心灵，是送给他们最珍贵的礼物。

在公众场合做一次演讲，克服自卑

自卑感会让一个人丧失信心、处于不安和恐惧之中难以自拔，所以它是人的最大敌人。一个人应该远离自卑，正确认识自己，不然就不可能抓住稍纵即逝的机会，或者需要决策时犹豫不决，成功的机会趁此溜走。

自卑感多半来自孩提时代。比如，父母原本想生男孩儿，结果生出来的你却是女孩儿，使他们十分失望；又如，如果你长得不似其他兄弟姊妹那般讨人喜爱，那么你可能就得不到父母的宠爱，而且常被家人责备和嘲弄。而溺爱也是造成自卑感的重要原因，在家庭之外所受待遇与在家里形成极大反差，会严重影响你的成长。

与此同时，老师及同学们的态度对一个人的心理健康影响也颇大。如果你家境贫穷、衣着寒酸，或者因父母的状况而常遭到同学们冷嘲热讽，也使你变得愤世嫉俗，自卑感逐渐扩大。

不管是暂时丧失信心，还是从小养成根深蒂固的自卑感，都需要我们坚决加以克服。 很多成功的人都曾经深受自卑的折磨，但是他们最终都战胜了自己。 他们有的是主动培养自信，有的则是受到了别人的热心帮助而克服了自卑。

面对大庭广众讲话，需要巨大的勇气和胆量，这种办法可以说是克服自卑最为有效的方法。

其实当众讲话，谁都会害怕，只是程度不同而已。 为了克服自卑，树立信心，不要放过每一次当众发言的机会。 在我们周围，有很多思路敏锐、天资颇高的人，却无法发挥他们的长处参与讨论。 并不是他们不想参与，而是缺乏信心。 在公众场合，沉默寡言的人都自认为：我的意见可能没有价值，如果说出来，别人可能会觉得愚蠢，我最好什么也别说；而且，其他人可能都比我懂得多，我并不想让他们知道我懂得这么少。 这些人可能常常会对自己许下渺茫的诺言：等下一次再发言。 可是他们很清楚自己无法实现这个诺言。 每一次的沉默寡言，都是又一次中了缺乏信心的毒素，这样他会愈来愈丧失自信。

而从积极的角度来看，如果尽量发言，就会增加信心。不论是参加什么性质的会议，每次都要主动发言。

一串串精彩的话从你的口中源源而出，听众被你的激情深深地感染，如潮的掌声一浪高过一浪时，那时，你就是自信、勇敢、最有魅力的人！ 所以一个人有必要找一个当众演讲的机会，充分展示魅力。

挑战一次你生命中的极限

你应该像印第安人所说的那样：你的双脚应该迅如闪电，你的手臂应如万钧雷霆，你的灵魂应无所畏惧。

正是在逼近生命极限的地方，人的生命感觉才最为敏锐和强烈。 人的潜能犹如一座待开发的金矿，我们每个人都拥有一座潜能金矿。

广东电视台曾经举办了好几届《生存大挑战》，引起了众多人们的关注。来自上海、北京、新疆、新加坡等地的 12 名美貌、智慧、勇气并重的现代女性，在 100 多天的时间内经受了"孤岛求生""黄河溯源"和"逐鹿新西兰"三种截然不同的生存体验，体会物竞天择的自然法则。

"孤岛求生"中，12 名"美女鲁滨孙"开赴到了人迹罕至的西太平洋塞班天宁岛，在没水、没电、没有现成食物的洪荒大地中开始了艰辛的求生历程。在 30 多天的挑战期限中，赤手空拳的美女们刀耕火种、积水成饮，和洪荒大地做顽强斗争，坚强地维持着脆弱的生命。

"黄河溯源"中，幸存的8名美女背起行囊，牵着仅有的生存物资——一头绵羊，踏上了漫漫征程。在2000多公里的路途中，美女们风餐露宿、风雨兼程，他们的车费、食物全都依靠物物交换或者打工所得。

"逐鹿新西兰"中，最后的4名挑战者凭着机智与勇敢闯荡异域。4名美女抽签分成两队，分别凭借一部全球定位仪，在最短的时间内到达指定的目的地。

体验自然的澎湃气势、体味竞争的惊心动魄，"生存挑战"展示的是一个自然与文化交相辉映、竞争与人性相互撞击的迷幻世界。

那些成天憋在办公室和自动化仪表前的人们，也向往到大自然去释放心绪。开初是自助旅行、跋山涉水、结伴野营，仅仅想是远离喧嚣人群，去野外亲近自然，渐渐地走向挑战自我极限的旅程。在一次次跨越原先自认的极限中，发现了自己蕴藏的潜能。

年轻人更拥有挑战自身极限的胆量、勇气和欲望，他们喜欢冒险——即使危险超出了想象。他们总是想："总有一天我要征服……"至于为什么，却可能找不出答案，甚至以为仅仅是为了寻求快乐。

然而，有过人生阅历的人将超越极限视为寻求人生满足的需要。每个人都应以坚定的信心和运筹帷幄的胆识，回应生活的种种挑战。每一次超越自我都会有太多的收获：充满风险的崎岖小径、刺激身心的旅程、宏伟壮阔的景观、冲破桎梏的释怀，以及迈向新的人生目标的成就感。

如果你没有时间或者没有精力去你想去的地方挑战极限、体验极端，那么就在合理的范围之内，充分地接触大自然。 不要做出任何危及自身安全的事，但是，设法走出自己的"舒适带"，让自然力改变你的感觉方式，看看自己的肉体如何适应不同的气候。

所谓超越自我，谁都想达到，却总有可遇而不可求之感。也许当你抛开了尘嚣琐事，凝神面对自我，寻求极限、挑战极限时，在极静与极动转换间，你会发现，超越自我变得那么自然；你也会发现，自身蕴藏着无尽的潜能。

到一个最贫穷的地方感受生活

你是否还是一个不谙世事、激情万丈的青年？ 你是否整日坐在办公室里，悠然地消磨时光？ 你是否只专注于个人事业的拓展，而忽略了周围的众生？ 你是否已位高权重，他人对你仰而视之？ 那么，请你到一个贫穷的地方感受生活，喝一杯脏水，吃一顿蒙着灰尘的午饭，到当地人栖身的低矮小屋中看一看，你一定会从一个新的角度来认识自己。

有这样一位特别的母亲。为了体验没有水的感觉，这位母亲带着上幼儿园的女儿从北京千里迢迢来到甘肃的定西。在汽车上，母亲告诉孩子她们马上就要到一个没有水的地方了。女孩儿便打算向骆驼学习，赶紧灌下一瓶牛奶。

在定西的老乡家里，母女俩从一口看似干涸的井中打起一桶水，那还是去年积下的雨水。村民告诉她们，因用水紧张，这水得多次地使用：先用来洗脸，然后再用来洗衣服，最后又用这盆脏水去喂猪。

女儿说："猪怎么能喝这样的水呢?"

妈妈反问："那你觉得应该给它们喝什么?"

"我给它们喝柠檬汁，给它们喂牛奶。"女儿一脸稚气，歪着头回答。

后来妈妈问她刚才从井里打上来的水能不能喝，女孩儿立刻回答："不能喝，不干净。"

"如果你很渴了呢? 如果你两天没喝水了呢? 也不喝吗?"

"不喝。"

不过那晚小女孩儿哭了，不是因为她太渴、这儿太苦，而是因为妈妈训斥了她。这户老乡家数月来仅有的蔬菜便是土豆，为了招待远方来的客人，特地买来了韭菜。但当小女孩儿看到他们用那雨水洗菜、揉面时，她拒绝吃饭。

毕竟再大的挑剔也抵不过口渴的难耐，于是她终于喝了两天来的第一口水。

每天早晨天气都有些阴沉，似乎一场雨即在眼前，给太久没下雨的土地及这两位远道而来的客人带来希望，可最终都破灭了。土地已干得裂出了一道道缝，农民们面临的将是颗粒无收的命运。

母女俩要回京了。女孩儿已和这儿的孩子结下了友谊，此刻的离去竟有些难舍。虽然那些孩子灰头土脸、衣着破旧，他们从未尝过水的畅快淋漓，但可贵的是他们纯真的童心和从单纯的眼中流出的晶莹的泪。

挥手告别黄土地，把那里的贫穷落后留在身后，却把一种体会留在心里。年轻的母亲要让女儿体验的，应该不只是水的珍贵。什么是爱心？不是打电话到新闻媒体去告诉他们"我要献爱心啦"，也不是在镁光灯的闪烁之下向某慈善机构捐款，而是不漠视、不鄙夷生活条件不如我们的生命的存在，是通过自己的努力去帮助别人，同时自己也怀着颗感激之心去生活。

如果你不曾了解脚下泥土的博大，不曾了解荒原野草的芬芳，不曾了解江底碎石的激昂，不曾了解那些最底层的感动，那么即使你有幸面对壮丽，你也注定苍白。

当一个社会进入更为高级、更为文明的时代，人们追求属于自己生命的天地，这是人生一大乐趣，也是人生一大喜悦。但是，当我们站在一个更高的起点上，把目光移向我们所走过的路程，去俯视一下社会民间，我们会发现：在社会最底层有一个特殊的群体，他们曾受到愚弄和不平等的待遇，受到过欺骗和不公平的指责，遭到过失败，面临绝境，甚至流过委屈辛酸的眼泪，当然，也品尝过成功后的喜悦。真可谓有过"几多荣辱沉浮，几度盛衰兴亡"，历尽千辛万苦，带着人生的创伤，举步维艰，最终克服了人生一个又一个障碍，向命运的极限挑战，与苦难较量，他们是生活中的乐观者，是卑微愿望的满足者，也是热爱生活的人。

只要肯把手弄脏，真正体验为生存而奔波的人们的苦与乐，你会从普通劳动者身上汲取到宝贵的人生财富，会得到信心、毅力和克服困难的勇气，会在有所成就后得到真正的快乐。

在报刊上投稿

格雷安·葛林(英国小说家)说过:"写作是一种治疗形式,有时我会想:那些不写作、不作曲、不画画的人,他们是如何宣泄人类与生俱来就存于心中那种疯狂、忧郁以及恐惧害怕的感觉?"

查尔斯·休兹笔下的漫画人物查理·布朗与狗狗史奴比,还有一大群可爱的小朋友,一直是全世界诸多史奴比漫画读者的最爱。而其中最受读者宠爱的史奴比,没事就喜欢用打字机孜孜不倦地写小说,也不断地投稿,希望能成为一个名作家,但它每回的小说开头总是:"那是个黑漆漆的狂风暴雨夜……"史奴比总是一边打稿,一边为自己的创意而嗤嗤怪笑,即使这么努力笔耕,它还是不断地被退稿。

史奴比寄过各式各样的稿件给各种报刊,却也收过五花八门的退稿信。例如:"亲爱的投稿者,我们收到你的最新稿件，但我们没惹你啊，为什么要寄这种稿子给我们……"还有威胁口吻的："再寄这种稿子来，小心我们登门拜访！"以及躲无可躲的："退回您的稿件，而且请您注意，我们已经搬家了，也不想再收到您的来稿。"

更离谱的是这样的信："感谢您近来没有投稿，我们就是需要这样……"

看来史奴比的作家之路不可能会平顺了。

每一个作家都经历过投稿的过程，当然也多少都尝过退稿的滋味。写出去的稿子在岁月中失去声音时，往往让人怀疑自己写的东西，就连《哈利波特》都曾经被退稿拒绝出版（现在那个出版商应该很懊悔）。不如就再接再厉，退稿其实是磨炼笔力的绝佳过程，只要热情持续写作，总有一天你的文章会遇到知音的。

牛人档案与梦想清单齐飞

张小姐向我们讲述了她的故事：

某一个星期日我宅在家里一整天，没有一丝出门的欲望，情绪低落，内心沮丧，趴在窗口看着夜幕一点点降临，想着今晚过完明天又要上班了，想着上班时又要面临一堆的工作，几点开会、几点要和谁打个电话、几点之前要完成一个项目 PPT……这种被时间追着跑的感觉真是糟糕，更糟糕的是负面想法也开始越来越多。

"一个女孩儿远离家人，26 岁了还是单身，工作也一般，薪资也很一般，住在租来的上海老房子里，卫生间里的水龙头还是坏的……"想着这些，我开始感到自己的人生很失败（虽然这人生还没有过到一半），变得灰心丧气、心情抑郁，心里一直有个声音在逼问自己："你怎么活得这么失败啊？"我充满了恐惧、不安与失败感，忍不住哭了起来。当已经变冷的那两滴眼泪慢慢从脸庞滑落下来的时候，我忽然怔住了，心里的另一个声音响起："你怎么把自己弄哭了呢？想想你做过的那些很牛的事情吧！"然后我停止哭泣，开始回顾自己过去的 26 年，认真地想着自己曾经干过的自认为很牛的事情，然后动笔写下它们：

1. 小学五年级的寒假，上山挖冬笋赚到了自己过年买新衣服的钱。

2. 从小学到高中，当过很多年的班长和校学生会干部，获得很多的奖状和荣誉证书。

3. 没有父母的陪伴，一个人从福建乡下来上海念大学。

4. 虽然高考失利，只上了大专，但是在大专的时候用了两年半的时间，依靠自学拿到了本科学士学位。

5. 大学三年级拿到国家励志奖学金 5000 元并获得"校三好学生"的荣誉称号。

6. 上大学期间，做过牛奶促销员、时尚杂志电话销售员、信息收集员、咖啡馆服务生、网站编辑，用打工赚来的钱一个人去上海周边城市旅行。

7. 参加乒乓球比赛，为班级拿到团队第一名，把获得的奖金捐给地震灾区。

8. 做过智障儿童的志愿者老师。

9. 一个人在外地过春节，而且还过得很愉快。

10. 坚持晨跑一年半。

11. 第一次面对 10 个客户演讲，不害怕，还获得客户的肯定。

12. 存钱去西藏，独自旅行 21 天……

看着这些自己做过的牛事，我看到了一个不断努力、越来越勇敢、越来越独立、快乐善良、为了目标不断拼搏的自己，我喜欢这样的自己。接着抑郁的情绪一点点消失，自信和平静一点点地重新回到我的身上，我感到前所未有的充实和自信。

从这以后我开始记录自己的成功日记，整理自己的牛人档案，有的甚至是很小的事情，但是只要我自己认为它是很牛的事情，我都会把它记录下来，比如写了一篇文章，获得了上千人的推荐。每当我想做一件事却缺乏勇气和自信的时候，我就拿出来看一看，鼓励自己；每当我遭受打击心灰意冷、感到绝望的时候，我也会拿出牛人档案看一看，然后重拾希望，继续上路。这份牛人档案让我获得自信和安全感。每个人都会遇到失败和绝望的时候，你不妨和我一样也写下自己的成功日记，做一份牛人档案。这份牛人档案是启动你自信心、给你力量的神奇钥匙，它会让你看到自己每一天的进步，会告诉你自己是多么棒的一个人！

有一部叫《遗愿清单》（*The Bucket List*）的电影，由杰克·尼克尔森（Jack Nicholson）和摩根·弗里曼（Morgan Freeman）两名老戏骨主演。故事说起来很简单：两个濒临死亡的老人去完成他们在病床上拟下的遗愿清单。老富翁爱德华·科尔（杰克·尼克尔森饰）在公立医院的私有化改造事业中获利颇丰，他为节省成本规定病房"一房多床"的做法颇受非议，但性格强势的科尔不以为然，岂料他不久被检查出罹患癌症，本欲入住单人病房的科尔在舆论压力下只得与另一位病人——老卡特（摩根·弗里曼饰）同处一室。汽车修理技师老卡特博闻强识，将三个子女培养成才，但代价是牺牲了年轻时要做历史教授的梦想。曾经结婚多次如今却孤身一人的科尔逐渐对卡特产生了兴趣，随着时间的推移，两位老人在病房中结下了友谊。科尔偶然发现了卡特的遗愿清单，他决定运用自己的力量，让那些纸上的梦想一一实现，他们做完一个就划去一个。这张遗愿清单上列了以下20个遗愿：

1. 看见真正雄伟的景色
2. 无私地帮助一位陌生人
3. 笑到哭为止
4. 开一辆 Shelby Mustang 跑车
5. 亲吻世上最美的女子
6. 刺青
7. 高空跳伞
8. 拜访英国巨石阵
9. 花一周待在罗浮宫
10. 游玩罗马
11. 在 La Charrette 餐厅用晚餐
12. 看金字塔
13. 重新联络（爱德华的女儿）
14. 拜访印度泰姬玛哈陵
15. 游玩香港

16. 游玩非洲维多利亚瀑布

17. 游玩非洲塞伦盖提国家公园

18. 在万里长城上骑乘机车

19. 坐在金字塔上

20. 找到你生命中的喜悦

这部电影让人笑中带泪、唏嘘不已。当看到两个人的骨灰被并排埋到圣洁的喜马拉雅山顶上时，问问自己："如果你只有一年的生命，你的遗愿清单是什么？"

曾在一个网站上看到一篇文章，一个叫 Bonnie Wale 的人多年来一直看护处于生命最后阶段的病人，她常常问那些还可以活几个星期甚至几天的人他们最大的遗憾是什么。

Bonnie 概括出几件大多数人最后悔的事情，其中排在第一位的是："我希望我有勇气过自己想要的生活，而不是按照别人的期望生活"。濒临死亡的人最遗憾的事情是自己没有付诸行动去追求自己的梦想。

在日本，有一个叫大津秀一的临终关怀主治医生，写了本书《临终前会后悔的 25 件事》，书中排在第一和第二位的分别是"没做自己想做的事"和"没有实现梦想"。

为什么不早一点行动起来去实现梦想，而要在临终的时候才来后悔呢？梦想是一个人内心真正的热爱，梦想是一个人愿意为其吃苦受累却仍然感觉幸福快乐的追求，梦想是使得一个人每一天都朝气蓬勃活着的内在动力，追求梦想的人是一个多么美好的人啊！

人最宝贵的东西是生命，生命对于我们只有一次，为了不因虚度年华而悔恨，为了不因碌碌无为而羞愧，为了不让自己临死的时候充满遗憾，现在就行动起来吧！ 列下你的梦想清单，然后一件一件去实现它，像《遗愿清单》中的主人公一样，做到一项就划掉一项。 这能够让你每天不再浑浑噩噩，让你的生活每天都充满活力，它能够带你到一个更广阔更不一样的地方。 在为梦想努力的过程中，你会感到充足和幸福。

现在就行动起来吧，建立你的牛人档案与梦想清单，让牛人档案与梦想清单齐飞。 牛人档案总结过去，激励自己，给自己信心与勇气；梦想清单展望未来，引领自己，给自己方向和目标。 为建立更棒的牛人档案，为更好地实现未来梦想，现在就脚踏实地、积极行动吧！

从现在开始，温柔地对待他人

刘女士讲了她自己的故事：

　　前段时间不记得在哪一本书上看到写胡适的文章，说他是个儒雅温柔之人，常常面带笑容，让人如沐春风。无论在学术上还是在政治上遇到与自己意见不合的人都能温柔相待，兼容并包，宽以待人，理性又自由。原来，他自小就见过母亲操持大家庭的辛苦，见过婶婶嫂嫂们常板着一张冷脸给母亲看，从此知道了温柔待人的必要。他在台湾的铜像也是嘴角带着一丝微笑，风度翩翩，让人看了觉得很温柔很舒心。

　　后来我又翻出他那篇有名的《容忍与自由》来看：

　　"我自己总觉得，这个国家、这个社会、这个世界，绝大多数人是信神的，居然能有这雅量，能容忍我的无神论，能容忍我这个不信神也不信灵魂不灭的人，能容忍我在国内和国外自由发表我的无神论的思想，从没有人因此用石头掷我，把我关在监狱里，或把我捆在柴堆上用火烧死。我在这个世界里居然享受了四十多年的容忍与自由。我觉得这个国家、这个社会、这个世界对我的容忍度量是可爱的，是可以感激的。

"所以我自己总觉得我应该用容忍的态度来报答社会对我的容忍。所以我自己不信神，但我能诚心地谅解一切信神的人，也能诚心地容忍并且敬重一切信仰有神的宗教。

"我要用容忍的态度来报答社会对我的容忍，因为我年纪越大，我越觉得容忍的重要意义。若社会没有这点容忍的气度，我决不能享受四十多年大胆怀疑的自由、公开主张无神论的自由。"

从胡适的文章，我们可以看出自由并不是藐视一切，自由也不是唯我独尊，自由更不是随心所欲、为所欲为，自由乃是容忍他人，尊重他人与自己不同，感激他人为我们付出的每一份善意。

我想起自己高一那年做过的伤害自己班主任的事情，至今难忘，无法释怀。那时我的班主任是个温柔儒雅的男教师，他教我们语文，因为我语文课的成绩好，作文也写得不错，跟班上的同学相处得也极好，他很是喜欢我，让我当了班长。可是我当时年纪小，自满骄傲，觉得他是个很没有真才实学的老师，在学生面前也没有威信，全靠我帮助他做好管理班级的工作，因此并不是很尊重他。他有时和我说话，我故意当作没听见，不理他；偶尔课后如果他想走到我座位边上和我聊聊，我会提前转过身和旁边的同学说话。

高一快结束的时候，我们要按照成绩和个人意愿分文理班，他把我叫到教室外面的走廊上，问我是否愿意到他的文科班来，我冷冷地答一句："不愿意。"看到他嘴唇嗫嚅一下，面带尴尬，我也不再说话，独自转身走了。一迈着离开的步子，我就开始脸红耳赤，如芒在背，心里后悔，开始拼命自责："你怎么可以这样伤害疼爱你的老师呢？"

分班以后，又碍于青春期少女的面子，我始终也鼓不起勇气为自己做过的事情道歉，也尽量躲得他远远的，避免再在学校遇见他。如今想来，我还是会为自己做过的轻狂事而汗颜，时时提醒自己：你不要去伤害任何人，每一个人都值得你尊重。

我是个耐心不足的人，尤其面对琐事的时候更是容易不耐烦和易怒。有一次和朋友旅行的时候，因为买火车票的事情有点麻烦，她和我打电话的时候，我显得非常不耐烦，想着早一点挂断电话，在电话那头的朋友因为感觉到我的不耐烦，没和我说两句，便匆匆挂断了电话。虽然后来同游很愉快，但是这件事以后我还是提醒自己：要多一点温柔，少一丝不耐烦和易怒。

小的时候，我们不知世事艰难，不懂生活不易，常常对着别人摆着一张臭脸，动不动就发怒，好像别人欠了自己似的；没有一颗温柔之心，对人冷言冷语，更不知感激他人，好像觉得别人对自己的好都是理所应当的；误把自己的无礼与暴烈

142

当作是有个性、与众不同，还把自己肤浅的愤世嫉俗当作炫耀青春的旗帜。

在家里，仗着家人对自己的疼爱，更是张狂放肆，动不动就甩脸色，口出恶言。有许多被过分娇惯的孩子，在家更是无法无天，飞扬跋扈，简直称王称霸。随着年岁渐长，我们开始步入社会，他人不会像父母那样宠溺我们，自己身上长长的刺、尖尖的棱角不仅让别人受伤，也让自己吃了不少苦头，于是开始磨平身上的棱角，于是我们开始学习长大，变得圆滑温润起来，慢慢变成一个成熟温柔的人，也渐渐体会出温柔的种种好处来。比如减少对别人的伤害，得到别人温柔的回应，交到更多的朋友，身体也因为平和温柔比动怒发飙更健康许多。

随着年岁渐长，我们越来越看到人与人之间是如此不同，无论个性、思维还是生活习惯上都差别巨大，越来越理解、容忍与包涵他人。越是长大，越是看到人之为人的卑微与艰难，越是看到人生中的种种苦难与深渊，越是无法去指责任何人，也越不敢随随便便地瞧不起谁，少年时期的狂傲和激愤一点点减少，开始变得越来越温柔。这不是虚伪、矫饰，或圆滑世故，而是懂得了体谅和温柔，懂得了他人与生活，懂得了温柔地和这个世界相处。

从现在开始，主动与办公室里的同事、楼道里遇到的邻居、电梯间里遇到的同一幢大楼办公的人员打招呼吧，用温柔与阳光的微笑，给自己和他人带去友谊、温暖和轻松，相信那一瞬间愉快充实的感觉会温润着你的心。

从现在开始，不要冷漠、不要孤傲，温柔地对待与你短暂接触的人吧，比如店员、出租车司机、服务生、超市收银员，对他们提供的服务说一句"谢谢"，给他们一个温暖的微笑。

从现在开始，不要把气撒在任何人身上，这样只会产生更多的矛盾，让自己陷入自责与不安之中。当要生气、发飙的那一刻，告诉自己要冷静、要克制，让自己一个人待上几分钟，平复自己强烈的情绪。

从现在开始，不要冷言冷语，不论面对什么都不要板着你的脸，认真耐心地倾听别人说话，自己也好好说话。

从现在开始，做一个爱笑的人；从现在开始，做一个温柔的人，用温柔的心去对待亲人、爱人、朋友，以及遇见的每一个陌生人；从现在开始，严于律己、宽以待人，温柔地与世界相处！

PART 4

有了仪式感，爱情才会愈发甜蜜和长久

把最爱，写进情书

爱，埋藏在心中，那只能算是一种心理活动，而能够用语言和行动让对方知道这些，就变成了幸福。 比如写一封情意绵绵的情书，不仅表达自己的情感，也表达自己的浪漫。

在网上偶尔看到一篇文章，但愿对那些羞于说出"爱"的朋友有些启示：

已经 5 年多没有他的消息了。记得当时在电话里他和我告别时，也是一个秋天的午后，独倚斜阳，秋风轻轻地吹在我的脸上，有点无聊。他的电话就是那时飘来的。

他说他要离开了，但是还会回来，也许是一年，也许是三年，总之他还是要回来的。回到这座城市，回到他所喜欢的大街小巷里。我一直不明白他为何要走，在这个 1000 多万人口的城市里，每个人都像一只风筝，什么时候断了线没有人知道。人如浮萍，我能够说什么呢？我想，在这个城市里的每一个人都有自己留下或离开的理由。我知道自己爱的是这座城市里几千年遗留下来的璀璨的文化和古老的红墙，因此我一直抱着对文学的痴心而流连于此。他走了，走得无声无息。

那时，在这个城市里我一无所有。而我每次搬家他都会过来帮忙，默默无声地帮助着我。忙完就走，什么也不说，一切都似乎是理所当然的。无论我对他如何，他都会用他高大的身躯和宽容的心，待我始终如一。也许是我自私，也许是幼稚，我从来就没有在乎过他。一年冬天，我第四次搬家的时候，望着满屋子大大小小的装满书的纸箱，我不知道该怎么办，回想起这几年漂泊不定的生活，想起家乡的父母，一种无依无靠的孤独感油然而生。人，总是有很多莫名其妙的理由，我完全可以过一种非常舒适的生活，可却偏偏选择了放弃。一切都是为了自己的理想和梦想，我是一个为梦想活着的人，既然选择了风雨兼程就该无怨无悔啊。

但泪水还是忍不住顺着脸颊无声流淌着，就在这时，他来了。我一直以为，他就像长了一双千里眼，在我最需要他时，他总能及时出现在我面前。他扫了一眼大大小小的书箱，默默地为我递过一条毛巾："别哭，我会帮你的。"

那时的北京城里到处都流动着那种黄色的"面的"，他叫了辆车来，让我躲到一边，然后他一箱箱地把那些书搬到了车上，搬到了我的"新家"。

也许太年轻，我不懂爱情，也不想爱情，但我知道在我面前，他从来不多说话，总是无声地望着我，以至于我以为他就是这样的人，就该具有那样的性格。有一天，他突然对我说："你的眼睛可真美！"

这句话听得多了，我已经没有感觉。但从他的嘴里说出来，我还是吃了一惊，他却低下头走开了。我并没有多想什么，事隔多载，我想这可能是我犯的一个最大的错误！

他走了。之后的几年，一直音讯杳无，他只是说他为了一个目的在努力，这是他一生中最大的一个梦想，实现了之后他会再回来，那时候他一定跟我联系的。我知道他不是一个轻易放弃和承诺什么的人，那就由他吧！

就这样。他在我的生活和视线里消失了，很久很久，久得我再也不记得他了。

就在这个秋天，在我工作的办公室里，再一次接到他的电话。他怎么会知道我的电话呢？我们毕竟已经没有联系了，就在这几年当中，我们都发生着或大或小的变化。

"结婚了？结婚你怎么可以不告诉我一声？"

他的语气很怪，我很想说我结婚与你有什么关系。可是，现在经过了恋爱和结婚，经过了岁月的风霜和磨难，经过了情感的历程，我终于没有说出口，我不能用这样的语言来回答他。

"我白白爱了你这么多年，这些年，我一直为一个动力所驱动着，那就是你。你那双眼睛已经刻到我的灵魂深处。我想，你是那么一个美好的女孩子，我要赚钱，将来要给你一个温馨的生活和家，用我全部的爱保护你、爱你，给你一个最好的写作环境，让你创作出好的作品来，实现你的理想。可是，现在我终于有能力和勇气了，你却……"

这是我认识他以来听到他说过的最多的话，我完全惊呆了，不知道他爱我。"不知道……"我的泪水止不住地流出来，是感动还是激动？

我为自己的残忍而内疚，对于一个男人而言，这是一种怎样的痴情怎样的煎熬？可我居然不知道。心里仿佛压了一块石头般沉重，我无声地挂了电话。

物是人非，一切都不可再改变，爱情不会等待，时间不会倒流啊！爱一个人就该早告诉。

再次抬头望天空，却发现下雨了……

我的天空在下雨……

每一个女子，在你遇到那个心爱的男子时，请不要忘了把你矜持的心动变成玫瑰般的语言，写进你的情书。 而每一个即将步入婚姻殿堂的女子，请你精心写好一封情书，把你炽热的爱情和一生的承诺都表达出来，然后把它夹在结婚证书里。 你们的结婚证书会被精心保存，但不会被经常翻阅。万一你们的婚姻之船遭遇风暴，请不忘翻开那份神圣的证书和那封宝贵的情书，那些激情岁月恍若昨天，爱情依旧，当学会珍惜。

你是否还记得曾经的往昔

让我慢慢唤起你尘封的记忆

属于你的我的他的往昔

我是你闲坐窗前的那棵橡树

我是你初次流泪时手边的书

我是你春夜注视的那段蜡烛

我是你秋天穿上的楚楚衣服

我要你打开你挂在夏日的窗

我要你牵我的手在午后徜徉

我要你注视我注视你的目光

默默地告诉我初恋的忧伤

这城市已摊开她孤独的地图

我怎么能找到你等我的地方

我像每个恋爱的孩子一样

在大街上、琴弦上寂寞成长

然后默默地告诉你初恋的忧伤。

　　年轻时，遭遇一场如火如荼的爱情风暴，一起爱过、恋过、哭过、笑过，当所有的一切被时间悄悄遗忘，是否，会在某个不经意的时刻，想起最初的心动，还有那一封久久未发的情书？当经过了多方波折，有情人终成眷属。当热恋的激情渐被岁月冲淡，有时不免怀疑爱情的虚无，这时无意间翻起那些昔日情书，多少感慨、多少心动，在平淡的岁月中流转。

学会做几道看家菜

当一个女人懂得真爱时，她必会为所爱的人学做几道拿手好菜。 当她看着心爱的人品尝自己做的菜肴，一定会深刻体会平凡生活中爱情的滋味，那是一种鱼香茄子的味道，一生都不需细诉，却满室生香，让人回味无穷。

有一女孩儿最讨厌下厨做饭，她的父亲也不喜欢下厨，可是却喜欢为她的母亲下厨，做鱼香茄子她不明白，母亲为什么那么喜欢，每次都要吃个底朝天。

一次，女孩子又和男友吵架了，起因就是做饭问题。她懒散地坐在沙发上看电视，男朋友不停眨眼示意她去帮帮厨房里的母亲，她故意视而不见。几个回合后，男朋友忍无可忍，大声责备她："从没见过像你这么懒的人！"她也火冒三丈，一字一顿地回击他："现在你看见了，你后悔还来得及，我告诉你，我就是不做饭。现在不做，以后也不做！"

男朋友正准备拂袖而去，被听到动静从厨房里出来的母亲拉住。

母亲给他们讲了关于鱼香茄子的故事。

那是21年前的一个周末，家里要来客人，母亲忙不过来，就叫父亲帮忙递递菜递递碗什么的。千呼万唤，父亲却只应着不挪步，眼睛都不肯从书本上移开一下。油锅"呼"一下着了火，母亲又气又急，手忙脚乱间还把锅打翻了，结果烫伤了脚。

那时，父亲和母亲刚刚结婚，母亲是个很能干的女人，风风火火，不但工作上干得有声有色，而且家务事也样样来得，尤其烧得一手好菜。父亲简直是过着衣来伸手饭来张口的少爷生活，所有人都羡慕父亲，说娶到母亲真是一生的福气。

那次，父亲当时肠子都悔青了。

母亲卧床那些日子，突然变得很爱吃鱼。那时，生活水平那么低，吃鱼吃肉一般是过年过节才有的奢侈。母亲的伤，其实已经花了很多钱，几个朋友那里都已经借遍。所以，给母亲买过两次鱼以后，经济捉襟见肘的父亲就只有愧疚和无奈了。

大约过了一个星期。父亲在晚饭时间兴冲冲端了一盘菜放到母亲面前。母亲吃了一口，说不出是什么鱼，细细咀嚼，发现不是鱼肉，却有鱼的鲜香滋味。父亲得意扬扬地笑："这叫鱼香茄子，味道好吧？"

原来，父亲托朋友找了一个食堂大厨拜师学艺。人家本来不肯教的，但他好说歹说，大厨师感动了，才把这门绝活儿教给他。家常菜其实是很难做的，靠手艺。

父亲学了一个星期，才有点眉目。他像献宝一样，不停问母亲："好吃吗？"还说，以后再不袖手旁观了，一定会帮母亲一起做家务活儿。母亲一边吃，一边掉眼泪，眼泪和着菜，全都是幸福的滋味。

　　故事讲完，母亲擦擦眼角，轻叹一声："一晃也吃了那么多年了，好像还有很多滋味呢。"刚下班进门的父亲也语重心长地接口："为一个所爱的人做饭，其实有时候就是一种乐趣。两个人在一起，本来就应该互相体谅和包容。"

　　女孩子终于明白了鱼香茄子的秘密——为所爱的人做菜，本身就是一种幸福。

　　爱情走入婚姻之后，激情日趋平淡，也因此有些人认为，婚姻是爱情的坟墓，婚姻是无奈的围城，他们再也享受不到甜蜜的令人向往的爱情。 而婚姻里是否真的就没有了爱情？其实不然，包容与信任其实就是爱情的一部分，只是从开始的盲目走入了实际。 如果你不爱对方，你又如何可以做到包容与信任，甚至是迁就和体谅？ 婚姻里或者缺少了那些风花雪月，但却有更实际的关心在其中。

　　如今，随着生活水平的不断提高和生活节奏的不断加快，好多女人都远离了厨房。 也有相当一部分女子在择偶时，要先发制人地说，她不会做饭。 接着，又问一个问题："你会不会做菜？"其实幸福生活大多就在平淡的油盐米醋中，比如，为所爱的人做几道好菜。 因而一个女人要学会做几道菜，要经常下厨，为所爱的人做喜欢的菜，让浓浓爱意在美味佳肴中，天长地久地流淌。

为他写一首歌

李白乘舟将欲行，忽闻岸上踏歌声。

桃花潭水深千尺，不及汪伦送我情。

——李白《赠汪伦》

音乐，是上帝给我们的礼物。

歌，是你给爱人的礼物。

你能给他写首歌吗？ 就算你五音不全，不懂乐理知识，不会弹琴。

就用你脑子里的声音给他写，

用你仅知道的几个音符来写，

用你最想表达的节奏。

还有歌词，用你最想对他说的话作为歌词。

如果你真的爱着他，你的心里一定有这么一首歌。 那种美妙的感觉，任何语言都无法替代。

把这首歌，写下来，记下来。 如果可能，可以请懂音乐的朋友帮你编曲，录下来，在适当的时候，放给他听。

歌，是人最好的表达方式。 如果你不自信的话，请听听那些从山里头传来的原始的、直白的、动人的情歌！ 那些唱歌的人，有可能连哆来咪都不认识！

你写给他的歌，是这个世界上独一无二的。

这是件浪漫的事儿。

和爱人一起到自己长大的地方走走

爱上一个人，总是想让他从你的过去读懂今时今日的你，也是要他补上在你生命中的那段缺席。从此以后，你的过去、现在和将来都是完完整整地属于这个人。

在向爱人诉说往事时，不妨带他到你曾经念过书的地方去。从幼儿园、小学、中学到大学，校园无疑是承载了我们青春记忆最多的地方。那里的每一个春天、每一个雨季，都有着令自己难以忘怀的往事。带爱人去那里，和他分享自己的青春、成长的故事，就像放电影一样在你绘声绘色的描述中，缓缓演绎。

这么多年过去，当年幼儿园如今还在，那些小桌子小椅子一下就衬托出了你当时弱小的身躯。你也许仍然记得当时老师教过的童谣的旋律，那就哼一两句给爱人听。你还可以给爱人列举出当时心爱的玩具，如数家珍，直到现在它们还能勾起你对童年生活的无限回忆。

他肯定迫不及待地想要知道你小学时候的趣事，小时候，你有足够长的时间去捣蛋、去闯祸、去接受教训、去成长学习。 那个年纪又正好是天不怕地不怕，对什么都很好奇的时候。 告诉爱人，你是不是也干过这种事儿：下午放学后故意最后一个走，在黑板上恨恨地写下"××是条小狗儿"，小孩子之间结的"怨"连报复都这么有趣；也许你还能惊喜地找到当年坐过的书桌，上面那条用小刀划出的"三八线"已被磨得快没了痕迹。 你还带着爱人到校门口的那家雪糕店，当年放学后一路吃回家的娃娃脸雪糕居然还有的卖。 你们俩都像发现埋藏了多年的宝贝似的，开心地坐在学校门口台阶上，一口气吃了好几支。 你的叙述里也会夹杂着他的故事，当年他不也干过类似的事情？

中学时代或许叛逆或许老实，不论是哪一种，青春故事永远值得追忆。 可能你们都痴迷过金庸的武侠传奇，也可能都为了中考高考的那次一锤定音而不分昼夜地努力学习。 你告诉爱人，哪次考试考得特别好，哪次又特别差，以致到现在都还记忆犹新。 多少的成功与失败交织，又有多少的泪水与付出混杂，才有了今天这个人生阶段的你，他一定会更懂你。

还有你的大学，大学校园对我们的意义很多，比如我们火热的恋爱、我们的思乡之情，我们的离别之苦，还有人生中的很多第一次都发生在大学校园，所以千万别忘和恋人一起分享这里。 套用狄更斯《双城记》里的那段名言："那是最美好的时代，那是最糟糕的时代；那是智慧的年头，那是愚昧的年头；那是信仰的时期，那是怀疑的时期；那是光明的季节，那是黑暗的季节；那是希望的春天，那是失望的冬天；我们拥有一切，我们一无所有……"正是大学生活真实的写照，你什么都想尝试，什么都要经过挣扎后才能决定；什么都不相信，又偏偏要在众多的不相信中找到笃定；你一会儿觉得前途光明，胸中有万丈豪情，一会儿又觉得前路茫茫，以致无计可施；因为年轻，你什么都没有，又正是因为年轻，你可以拥有青春，也就拥有了一切。大学，真是一生中充满矛盾的时期。连你自己都说不清楚，什么是你想要的，什么又是你不想要的。把所有的纠结和痛苦都告诉恋人，也许他也有着同样的切肤之痛。在爱人面前，不需要任何伪装，他要了解的只是最真实的你。

把自己的从前分享给他，你会发现他的每一个眼神都传递出因你的信任而产生的温存。你们可以一起回忆过去，分享彼此的青春，然后再一起分享未来的每一天。

去郊外，和爱人一起感受田园生活

在古代，恋人们携手共度一生的最好方式也许就是男耕女织了，那是他们的世外桃源。 不追求锦衣玉食、琼楼玉宇，但求冷暖自知、相濡以沫的贴心和踏实。 男耕女织，隐含的是一种自食其力，把幸福牢牢地抓在自己的手上，那幸福也是一种互相扶持、细水长流式的温馨。

而生活在现代的人们，要的又是哪一种幸福？ 是更多的付出还是索取？

如今男耕女织的生活方式也许并不实际，快速的生活节奏，有时连午饭都没时间好好吃，怎么可能还有时间去点瓜种豆，侍奉农田？ 但城市里的爱情又偏偏是更需要阳光和空间的，因为那些高楼大厦实在显得太压抑，又给人太冰冷的感觉。 所以，不如找个时间和你的爱人去郊外，进行一次田间劳作，在远离城市的乡间，仔细体会一回男耕女织的单纯、从容和幸福。

挑一个天晴日朗的好日子，到郊外去看看，那里的泥土散发着庄稼的清新气味，是一种脚踏实地、返璞归真的味道。越是接近，心里便越是轻松、踏实。 卸下来自城市的种种负担，这是一次你和爱人之间享受幸福的时刻。

阳光温柔，微风和煦，郊外空旷，整理一下自己的好心情，一边倾听着鸟语花香，一边走进田间地头。 你们之间的分工也是一边锄地，一边播种；一边是他伸伸腰背，她给他擦擦额上的汗。 两人目光相遇的那一刻，没有言语增加的必要，心满意足的笑容已经胜过了万语千言。 其实生活本来就应该是和爱人从容地走下去，该迈的步子一步都不会错，遇到障碍就面对。

有播种就会有收获。 不要去和别人比谁结的果多，这些是心灵上的收获，无法凭重量质量去衡量。 其实，只要你无悔地付出过、全力地争取过，无须去问自己的努力是值得还是不值得。 这个过程足以使你满足，这本身就已经成为你人生的一部分。 享受和爱人一起田间劳作的乐趣，让幸福的日子细水长流。 让你们的爱情从此播种，经过彼此辛勤的劳动和照顾，结出丰硕的果实。

为你们俩精心制作一本恋爱相册

　　年轻时候的爱情都是热烈的，每时每刻，都渗透着浓浓的爱意和浪漫。　每对恋人在爱情的最初阶段，都会被幸福的来势汹涌冲得有点头晕目眩。　你和你的恋人自然也不例外。可是慢慢地，你们终会冷静下来。　生活归于平淡，似乎连你们刻意制造的浪漫都不如先前那么令人目眩神迷了。

　　其实，这才是对你们爱情的真正考验。　所谓"七年之痒"，也许就是受不了那份平平淡淡吧。　但其实爱情还在，只是以更生活化的面孔出现而已：早上起床，妻子已经准备好的那杯冒着热气的牛奶；突然来袭的下雨天，丈夫默默撑在妻子头上的那件外套；出差回来，妻子准备好满桌丈夫爱吃的菜；下班回家，两个人终于结束一天繁忙的工作，默契的相视而笑……这些点点滴滴的幸福，都是每一对夫妻会经历的，太平常太简单，却有着"随风潜入夜，润物细无声"的力量，滋养着两颗相爱的心。　只要你们能够注意到这些小小的幸福，爱情之树就会是常青的。　不如干脆拿出相机，记录下那些幸福的画面，再把它们制成一本爱的相册，见证你们爱情的每一个足迹。

并不是说只有去到不一样的地方或者发生不一样的事情，才有拍照的必要，才因为它的难得一见而值得纪念。 你们日常生活中的锅碗瓢盆都可以成为按下快门的理由，重视生活的平淡充实，才是真正懂得幸福的人。

当你开始去留心的时候，你就会惊喜地发现，原来你们看似平淡的日常生活中有着那么多令人感动的时刻。 那些令你有所触动的画面，都可以照下来，不管是开心的，还是偶尔闹了小矛盾的。 他早上上班之前站在镜子那儿穿西装打领带的样子很帅；她今天化了一个不一样的眼影很美；他加班晚了，一副辜负了她悉心准备的精致晚餐的忏悔表情，很可怜；她回到家又跟他说办公室那些八卦，眉飞色舞的样子很可爱；他和她吵架了，两人坐在沙发的两头各自生闷气，都可以互相照下来，这一照，怕是谁也气不起来了；两人终于有了自己的小孩儿，三口之家的幸福，令人感动到想哭……总之，值得你按下快门的理由有很多。

之后，你们可以在照片下面写上一些话，内容可以是照片里的他当时在干什么，或者当时你照下这张照片的心情，又或者是彼此想要告诉对方的话，等等。 一个小小的相机、一本渐渐增厚的相册，会给你和恋人的生活带来很多乐趣。

不要因为早已习惯而放心大胆地去忽略，更不要因为知道他爱你而有恃无恐地去伤害。 请你拿出相机来，和恋人一起完成这本爱的影像。 每一次按下快门，都是在说"我爱你"；每粘上一张照片，都是贴上一句"我爱你"；每在照片下写上一些话，其实也只是写了三个字"我爱你"。 然后，等到你们银婚、金婚、钻石婚的时候，一起拿出那些相册，一张照片一张照片地慢慢翻着，回忆着。 看着那些照片和下面写的那些话，这一生共同度过的喜怒哀乐又重新出现在眼前。 那么多年过去，已经成为老头儿老太太，但是你们的爱依然如初。 那些记忆中的影像，都化成了这些相恋时爱的典藏，它们是真爱的见证，也是彼此一路走过来的美好回忆。

和你的恋人建立一个博客，记录彼此的感情

博客作为一种记录日常生活的工具，悄悄地进入了人们的视野，又快速地融入了大家的生活。人们在博客里写下最近发生的事，或者介绍各种有意思的事情。很多时候，人们总是去注重博客的访问量，其实博主写博文时的真情实意才是写博客的价值所在。写博客不是为了取悦别人，更多的是为了取悦自己。你可以记录下自己的生活片段，记录下自己此时此刻的心情，记录下人生的变幻和无能为力，这也是在为自己的人生作传。在那么多可以记录下来的事情里，你有没有想过记录下自己的感情，而且是和恋人共用一个博客？

两个人相爱的过程中，总是需要竭尽全力地去了解对方。可是，世界上最神秘莫测的便是人的心。误解总是会在你最意料不到的时刻出现，弄得你们俩在彼此错误地理解了对方的情况下，发生完全不应该发生的争执或者冷战，两个人都会不开心很久。这时，你们需要的就是沟通，把自己的想法明明白白地说给对方听，让他清楚正确地理解你的意

思。 其实，相爱的过程就是两个灵魂互相靠近、互相懂得的过程。

沟通的方式有很多种，面对面地谈话，在双方刚因为误解闹得不欢而散的情况下，是有些难的。 那么，不如把那些想向他说的话写进你们俩共用的博客里。 也许关心你俩的朋友们会发帖回复，一阵热烈的讨论之后，你可能从他们的帖子里发现问题的症结所在；也许还没有其他人看到你的文章时，恋人就已经了解了你想说的千言万语，彼此之间的懂得每加深一点，你们之间的关系也会随之更加牢固。

博客可以作为恋人之间互相了解的工具，也可以成为两人幸福生活的见证。 爱情为人们打开了另一个世界的大门，两个人在一起会发现许多曾经生活中没有的乐趣。 所以博客里可以记录下来的事情有很多，你们一起去看了一场非常经典的爱情文艺片；有一天在街上悠闲地晃荡，突然发现了一家很好吃的餐厅；吵架之后本来以为会冷战好几天，他却出现在雨天的车站，冒着雨在楼下等你出来；你们对一些很深层次的问题进行探讨，比如爱情、人生等等。 把你们的甜蜜和幸福拿出来晒晒，不是向谁炫耀什么，而是想要朋友们都能分享到你们甜蜜后的喜悦。

写博客的时候，又是一个自我享受的美妙过程。 在恋人不在身边的时候，你可以自己一个人安安静静地写，把自己沉入内心思想的深处。 当恋人陪着你的时候，一起坐下来记录下今天发生的故事和情感，这比各自一个人写又多了一些思想的碰撞和感情的交流。 你们回忆起那些有趣的故事情节，描述着它们带给自己的不同感受，或开心地大笑，或感动地哭泣，然后发现，有他在身边，真好。

　　和恋人共用一个博客记录情感，不仅体现了你们对生活的创意和激情，更加体现了你们对彼此的真心真意和全心全意。 记录你们在一起的时时刻刻，和你们一起经历的所有有意义的事情。 等到有一天再重新翻看过去的博客，你会发现你们原来拥有这么多的记忆。

对自己的爱人真诚地说一句"我爱你"

"我爱你"这三个字是最热烈，也是最直接的情感表达。这三个字在很多初涉爱河的人心中都很神圣，对于初识的恋人，想说却不敢或不好意思说出口，没能及时表达自己的爱意。而一经岁月的洗礼，时光匆匆而过时，爱情的浪漫却悄然在生活中渐渐退去。换来的也许是疲惫麻木，也许是对幸福的迷失。当多年后的你，在遥想你们初识的那段时光，会不会在脸上浮现当年恋爱时羞涩腼腆的微笑？是不是应该把早没说出口的那句"我爱你"在多年后赠予她？

或许多年后的今天，你觉得已经没有这个必要。也许是你太过忙碌而忘了还有这三个字，也许你觉得已经说过的话再说一遍没有这个必要，也许你觉得用行动来表示更有意义。但是，"我爱你"这三个字是经久不衰的示爱箴言，没有人会拒绝。当你真诚地说出口的时候，听的人心里也会深受触动。

今天，何不找个合适的时机，不用怎样刻意制造气氛，清晨睁开双眼，对着睡眼惺忪的爱人轻轻说出来，或者上班临出门之前。 也可以抓住某个瞬间，在他耳边轻轻呢喃一句，你一定会看到对方眼中的惊喜和兴奋，你也因此会快乐一整天，你们的关系也会因此有了新鲜的色彩。 只是三个字，却可以让两人的生活发生很大的变化，也许你想都想不到；如果找不到合适的机会向你想示爱的人送上这句"我爱你"，那么就找个时间把自己的想法写下来让他看到。 曾有过这样一对情侣，他们分隔两地，除了电话的及时问候，剩下的时间，只要一有空，他们就会用信件的方式互诉衷肠——"今夜我就会把这封信寄出，包括寄出我的诺言，我爱你，不长，就一生……"

所以，请衷心地对你爱的人说出这三个字，也许她一直在等着这句话。

在爱的纪念日，一起准备"烛光晚餐"

　　人生中有很多纪念日。 但对于相爱的人尤其是处于热恋中的人来讲，在一起的每个纪念日都是值得庆祝的，每个纪念日对于深爱彼此的情侣永远都有意义，永远都值得用心去铭记。

　　很多情侣都会选择去西餐店度过纪念日，有烛光、红酒、柔美的音乐，好像只有这样才能算得上浪漫。 其实烛光晚餐在哪里进行都可以，家中，甚至是郊外，只要你们愿意，心情和情调是不变的，地点又怎么会非去哪里不可呢？ 对于如此深爱的两个人在一起做什么都会是幸福和甜蜜的。 如果两个人一起在家做一顿烛光晚餐，然后享受共同的劳动成果，对于恋人来说也是一件非常甜蜜的事。 这种感觉就像真正在一起生活，也会给你们的回忆增添不少温馨的画面。

　　其实在家做西餐，也不像我们想象中那么复杂。 彼此商量，考虑一下做什么食物比较好，怎样搭配。 两人可以各自拿出自己的绝活儿，为对方做自己最拿手的菜。 如果你们有兴趣，可以尝试着做一些从没试过的新菜，既可以是从各式各样的菜谱上学来的，也可以是自创的。有两人的合作和努力，一起尝试一种新东西，然后一起享受，会是件特别浪漫和新奇的事。

也许有一个人从未下过厨，那么打打下手也可以，或者在旁边静静地看着爱人忙碌的样子，也是一种幸福。在这个过程你会发现原来自己的爱人是那样能干或体贴，这样的过程也可以考验和培养你们的默契程度，对于你们关系的拓展也许会是一个新的契机。

烛光晚餐要伴随着轻松且两人都喜欢的音乐，伴随着鲜花、烛光、红酒，你们在忙碌半天之后，终于可以安静地坐下品一杯甘醇的红酒，在烛光的映衬下，两人四目相对，此时什么都不必多说，一切都那么恰到好处。这是你们自己的劳动成果，更是属于两个人浪漫的纪念日。

以爱的名义冒一次险，争取你自己的幸福

在面对爱情的时候，唯唯诺诺、瞻前顾后可能就会让自己错失一次机会，错失一个喜欢的人。 而勇敢追求爱的人，即使结果不如自己所愿，也不会让自己留下遗憾。

大部分人一听到"冒险"二字就已经开始幻想各种困难险境，那是一种赌徒般的行为，付出的和收获的极有可能不成正比，甚至损失惨重。 于是，在还没想要开始要尝试一下的时候，就已经断定自己一定逾越不了那些自己想象的困难与险境。 为爱去冒一次险，在可能获得幸福的机会面前，你能够给自己足够的信心和勇气，尝试一次、争取一次。 即便最后这次冒险行动以失败告终，你至少也知道这就是结果，可以心安理得地接受了。 不用再像根本连试都没试的人那样在日后的无数个日日夜夜懊悔地问自己： "如果当初我尝试过，结果会不会不一样？"所以，请拿出你的勇气、信心和智慧，以爱的名义冒一次险，为自己的幸福争取一次，至少让自己的后悔次数少一点。

在朋友之间的聚会上，你邂逅了一个令你怦然心动的人，目光便难以再从对方身上移开。那为什么还要在他的目光不经意间与你相遇时，立刻转头离开？假装看不见？为什么还在犹犹豫豫，不敢去和他相识说话？这是一次可能获得幸福的机会，你怎么可以眼睁睁地看着它离开？鼓起勇气来，从从容容地走过去，拿出绅士的气度或者淑女的风范，告诉对方你希望和他成为朋友。也许你们从此就从陌生走向熟悉，走向双方努力的结果。就算聚会之后，你们依然形同陌路，至少你也尝试过了，没有遗憾，不要总把羞涩当作矜持，幸福不会不请自来，大方一次，握紧属于自己的幸福。

爱的定义很广泛，不是只有红男绿女之间的两情相悦才叫爱。我们不是同样深爱着自己的亲人和朋友吗？你完全可以为对他们的爱冒一次险，只要是你爱的，冒险也是值得的。比如，父母好久没看见子女了，很想念他们。年迈的父亲母亲其实只有一个小小的要求，就是希望周末的时候，孩子能去陪陪他们，一起吃吃饭、聊聊天。如果这时偏偏遇到专制的上司要求加班，可能大部分人连头都不会抬一下，只是在心里抱怨几句之后，就老老实实地回去加班，无奈但又不以为意地再一次伤了父母的心。其实，你为什么不冒险去跟上司请一次假？难道工作真的比父母还要重要？可能你就成功了，也可能会挨骂、会被拒绝，但起码你对自己的内心有了一个交代。多抽点时间陪陪家人，毕竟在你人生的路上，他们把自己最好的关爱都献给了你。

请你以爱的名义冒一次险，为幸福勇敢地争取一次，让人生没有遗憾。张开自己的翅膀，去飞越那片沧海吧。

默默注视他，然后为他画一幅肖像画

　　恋爱中的人往往有着很多浪漫的想法和非凡的创造力。每个人都是生活的艺术家，每对恋人都是创造爱情结晶的艺术家。 两颗心在互相靠近的时候，总会发生一些不可避免的碰撞，也会产生很多意料未及的惊喜。 你们会因为吵架而流泪，也会因为幸福喜极而泣。 这些因爱而流的眼泪里，有着最苦涩的滋味，也有着最浪漫的气息。 于是，最美的便是那句"你已用泪洗净我的笔，好让我在今夜画出满池的烟雨"。可是，今夜不想再画烟雨，试一试画出爱人的脸庞吧。

　　为心爱的人画一幅肖像，就是看似如此简单的一件事，却让你们在这个过程里体会到不一样的浪漫体验。 找个你们都空闲的时候，地点可以选在家里也可以选在户外，如果正好赶上清晨阳光洒满房间的时候，为他挥笔，也是不错的选择。 你们也完全可以选在晚霞满天的黄昏或者是月光如水的夜晚，你可以把地点选在家中的阳台上或者就是卧室里，也可以带着爱人到空气清新的郊外去，一边画画一边欣赏美景。 不论此时此景为何，你们俩一静一动、配合默契的样子都将成为二人世界里最动人的画面之一。 选择地点时配合你俩当时的心情，除此以外，没有任何条件可以限制这件事顺利进行。

爱人静静地坐在你对面，带着些许恬淡或顽皮的微笑。四目相对处，你们更加肯定了对方便是自己此时此刻的最爱。 仔细观察爱人的一眉一眼、一颦一笑，不要刚一拿起笔就担心自己画得不好，这只是你们俩二人世界里的自娱自乐而已，自己画得开心才是最重要的。 你专注地画着他，他则专注地欣赏着你，两人之间的浓浓爱意就像咖啡的香气在你们周围慢慢地弥散开来，令每一次的呼吸都心醉神迷。 不论画得好与不好，爱人都一定会送你一个满是惊喜满是赞赏的微笑，因为在他的眼里，你不论做什么事情都是最好的那一个。 完成这幅画之后，你也许就会发现原来他还有那么多自己未曾发现的魅力。 当然，你爱着的不只是他的外表，更是他的心、他的灵魂。

完成后，你可以将这幅你亲手为爱人画的肖像画装裱起来，可以挂在家中，然后好好地维护和保存。 随着韶华逝去，等到你们七老八十的时候，这幅画依然保存得完好如初。只要一看见它，当年画画的场景就又活了过来，仿佛还能感受到那时对方注视自己的目光中燃烧着的强烈爱意。 看画的你们已是花甲之年，而画中的爱人却永远定格在当时的青春年华里。 这个世界终究有些东西是经得住海枯石烂的，时光易逝，真爱却会永存。 真爱就像手绘的那张画像，把彼此留在最美的记忆里。

一起做普鲁斯特问卷

Proust Questionnaire(普鲁斯特问卷)由一系列问题组成,包括被提问者的生活、思想、价值观及人生经验等。

很多人以为《追忆逝水年华》的作者 Marcel Proust 是这份问卷的发明者,但其实不是,这份问卷是因为他特别的答案而出名的。

普鲁斯特在 13 岁和 20 岁的时候分别做了一次调查,发现答案很不一样。

你们也可以调查一下,通过它,可以了解彼此更多。

你们也可以填写一遍,很多年以后,再来填一次,看看自己的变化。

1. 你认为最完美的快乐是怎样的?

2. 你最希望拥有哪种才华?

3. 你最恐惧的是什么?

4. 你目前的心境怎样?

5. 还在世的人中你最钦佩的是谁?

6. 你认为自己最伟大的成就是什么？

7. 你自己的哪个特点让你最觉得痛恨？

8. 你最喜欢的旅行是哪一次？

9. 你最痛恨别人的什么特点？

10. 你最珍惜的财产是什么？

11. 你最奢侈的是什么？

12. 你认为程度最浅的痛苦是什么？

13. 你认为哪种美德是被过高地评估的？

14. 你最喜欢的职业是什么？

15. 你对自己的外表哪一点不满意？

16. 你最后悔的事情是什么？

17. 还在世的人中你最鄙视的是谁？

18. 你最喜欢自己身上的什么品质？

19. 你使用过的最多的单词或词语是什么？

20. 你最喜欢女性身上的什么品质？

21. 你最伤痛的事是什么？

22. 你最看重朋友的什么特点？

23. 你一生中最爱的人或东西是？

24. 你希望以什么样的方式死去？

25. 何时何地让你感觉到最快乐？

26. 如果你做一件事可以改变你的家庭，那会是什么事？

27. 如果你能选择的话，你希望让什么重现？

28. 你的座右铭是什么？

爱，就是两个人一起吃成大胖子

两个人在一起之后，吃饭成了件非常重要的事。谈恋爱时，两个人一起吃饭会是交流感情的好方式，而如果住在一起，那么每天一睁开眼第一件事，就是要一起吃饭。一起做好吃的，一起找好吃的，一起吃好吃的。爱就是这样，两个人一起吃，吃成两个大胖子。

情侣的意义应该在于分享，分享很多美好的东西。如果你看见一处美景，你会十分期望他在身旁和你一起分享。如果你买到一件非常漂亮的衣服，一定希望他能看见并且得到他的夸奖。就像如果你吃到一样好吃的东西，一定也希望能和他一起，哗啦哗啦地吃个够。

去你们所在的城市，搜罗各种美食，一起分享吧。

去那些很有口碑的店，点它们最拿手的好菜。

向朋友打听，他们最喜欢的小吃店在哪里。

关注报纸和论坛信息，哪里又有新店开张了？还打折？一般新开的店，味道都不错。

不要畏惧路远，你们可以打上 30 元的车，从城东到城西，只是为了吃碗辣乎乎的担担面。

走遍你们城市的角角落落，一起吃。 不再需要担心保持好身材，反正已经名花有主。 也不要担心他会嫌弃你，他也比你好不到哪里去。

英语里，小肚子上的肉，被称作 love handle。 这是多么有爱的一个名字啊。

为你爱的人做一盒爱心糕点

　　每当路过那些蛋糕店西饼店的时候，从店里传出来的那股甜香是不是让你感到满心的甜蜜和幸福呢？　这时，我们大多数人都会突然冒出一股想成为一个糕点师的冲动，想象着自己熟练地打着鸡蛋、麻利地和好面粉，做出各种精致的造型，什么小动物小植物，或者桃心或多角星，好不心灵手巧！你的那个糕点师的梦想，今天就让我们一起来完成吧——为家人和爱人烘焙一盒"爱心饼干"。

　　虽然我们的年龄会随着岁月的流逝而增长，但事实上有一个小孩儿始终住在我们心底，一颗天真烂漫的童心随时准备着为慢慢长大的我们发现生活的美好与快乐。　在制作点心的过程中，要制作什么样的口味、捏出什么样的造型、使用何种色彩，都由你自己决定，就像小时候玩过家家一样任性而为。　现实生活条条框框太多，这也是一种不错的放松方式。更何况，这份点心还是为心爱的人做的。　想象着当你捧出香喷喷的糕点，他们会像小孩子抢糖果似的迫不及待地抓起一块张嘴就咬了一大口，慢慢地咀嚼细细地品味，然后喜悦与赞美就像阳光一样洒满了整个屋子。

那就挑个阳光灿烂的周末，和心爱的人聚在一起。 为他们变魔术似的端出色香味俱全的各色糕点，让大家就坐在一起品尝幸福的滋味。

这是你亲手做出的爱心糕点，也让这甜美的滋味中注入爱的意义。

与你的爱人签一份盟誓书

请仔细地品读你的婚姻，仔细地审视婚姻中的你自己，再以充满欣赏的目光审视陪伴了你若干个平淡日子的他。 婚姻之舟停泊在风平浪静的水面上——它是脆弱的，除非它承载着满舱的深情与爱恋。 为了保持美满婚姻，付出你的努力吧！

1997 年 5 月，台湾出现了一纸含意深刻的《结婚人盟誓书》。

新郎：

新娘：

我们二人谨定于＿＿＿年＿＿月＿＿日＿＿时。在＿＿＿举行结婚典礼，写下海誓山盟，终身遵守。在婚姻路上，共同经营，灾难病痛，互相扶持，永不分离。并就下列事项，立下承诺，即使沧海化为桑田，桑田再化为沧海，也要携手共进，相亲相爱，直到白头。

我们宣誓：从结婚这一天开始，不但成为夫妻，互相敬爱，分担对方的快乐和忧愁，也同时成为朋友，而且是诤友，互相勉励、互相规劝、互相批评。

我们领悟：愉快的共同生活，全靠心灵沟通，所以，我们一定善用言语，不仅表达爱心、关心，也使彼此借语言加深了解，共同成长。决不粗声叱责，决不用肢体代替言语，决不允许发生婚姻暴力。

我们认知：家庭与事业是夫妻共同经营的果实，夫妻对家庭的贡献等值，在家庭内或社会上，价值完全相同。工作薪俸无论多少，家务工作的薪俸都与其相同。

我们同意：将来我们有子女，管教上如果有不同的意见，甚至有尖锐对立的意见，一定会克制自己，去请教专家，决不把孩子当成实现自己希望的工具，也决不用孩子来炫耀自己。

我们认为：一夫一妻制，是社会安定的磐石，是孩子们成长最安全的温床，我们喜爱并尊重这种制度，并用事实和行动维护它的尊严。

我们警惕：婚姻生活并不多姿多彩，它不但平凡，而且琐碎，如果不滋养珍惜，容易使生命憔悴、心灵伧俗，所以生活之中，我们一定保持适度的假期，与孩子一起成长。

我们谨记：我们孝敬自己的父母，也孝敬对方的父母，不仅是回报养育之恩，也是培养自己人格的完整，为我们的下一代立下榜样。

我们了解：我们将来会老，所以，我们从结婚这一天，就培养专业之外的其他艺术兴趣，如书、画、音乐，使我们的生命永远充实灿烂。

总结以上八点，我们虽不能马上做得完美，但我们会耐心追求，永不沮丧、永不停止。

PART 5

让小小的仪式感，温暖父母的心

在你生日那天，给母亲写封信

母亲是天底下最无私的人，母爱是天底下最无私的爱。从十月怀胎到一朝分娩到抚养我们健康茁壮地成长，倾注了她毕生的心血与精力。普天下没有哪一种爱像母爱这样毫无保留地、彻彻底底地奉献给了后代，奉献给了人类社会。

下面这个故事让人感动万分。

一对夫妇是登山运动员，为了庆祝他们儿子一周岁的生日，他们决定背着儿子登上 7000 米的雪山。

他们特意挑选了一个阳光灿烂的好日子，一切准备就绪之后就踏上了征程。刚天亮时天气一如预报中的那样，太阳当空，没有风没有半片云彩。夫妇俩很轻松地登上了 5000 米的高度。

然而，就在他们稍事休息准备向新的高度进发之时，意想不到的事发生了。风云突起，一时间狂风大作，雪花飞舞。气温陡降至零下三四十度。最要命的是，由于他们完全相信天气预报，忽略了携带至关重要的定位仪，由于风势太大，能见度不足一米，上或下都意味着危险甚至死亡。俩人无奈，情急之中找到一处山洞，只好进洞暂时躲避风雨。

气温继续下降，妻子怀中的孩子被冻得嘴唇发紫，最主要的是他要吃奶。要知道在如此低温的环境之下，任何一寸裸露在外的皮肤都会导致迅速地降低体温，时间一长就会有生命的危险。怎么办？孩子的哭声越来越弱，他很快就会因为缺少食物被冻饿而死。

丈夫制止了妻子几次要喂奶的要求，他不能眼睁睁地看着妻子被冻死。然而如果不给孩子喂奶，孩子就会很快死去。妻子哀求丈夫："就喂一次！"

丈夫把妻子和儿子揽在怀中。尽管如此，喂过一次奶的妻子体温下降了两度，她的体能受到了严重损耗。

由于缺少定位仪，漫天风雪中救援人员根本找不到他们的准确位置，这意味着风如果不停他们就没有获救的希望。

时间在一分一秒地流逝，孩子需要一次又一次地喂奶，妻子的体温在一次又一次地下降。在这个风雪狂舞的5000米高山上，妻子一次又一次地重复着平常极为简单而现在却无比艰难的喂奶动作。她的生命在一次又一次的喂奶中一点点地消逝。

三天后，当救援人员赶到时，丈夫已冻昏在妻子的身旁。而他的妻子——那位伟大的母亲已被冻成一尊雕塑，她依然保持着喂奶的姿势屹立不倒。她的儿子，她用生命哺育的孩子正在丈夫怀里安然地睡眠，他脸色红润，神态安详。

母爱是人类最宝贵的财富，是普天下所有人共同享有的爱，是生命的源泉、希望的所在。 拥有母爱，这是我们无比自豪的幸福，母爱是阳光，永远普照万物；母爱是甘露，永远滋润心田。 那么无论何时何地都不要忘记你的母亲，尤其是你生日的那天。 给妈妈写一封信，感谢她给了你生命。 告诉她，你对她的感激；告诉她，你一直知道她的爱，并且也一直深深地爱着她，永远永远。

为妈妈准备一套婚纱

　　我的妈妈是一名婚纱设计师，专门为新娘子设计、准备婚纱。妈妈热爱自己的工作，而让每一位新娘在披上婚纱的那一刻变得光彩夺目则是妈妈工作的目标。妈妈常常跟我讲，女人一定要拥有一套属于自己的婚纱。对于新娘来说，最完美的结婚礼服既要能很好地展现出新娘本人 的特色，又要能将其优点突出，同时掩盖住她的缺点。比如胳膊稍粗的新娘，可以在胳膊上佩戴一些装饰，腰粗的可以给她们穿高腰线的婚纱，脖子略短的可以在后身领子的设计上采取向下拉长的方式等。

　　妈妈每次讲到婚纱设计当中的一些细节和技巧问题，总是滔滔不绝。妈妈还常被那些穿上她所设计的婚纱的新人邀请去参加婚礼。

　　小的时候，一到放假妈妈就带着我一起上班。上班期间妈妈通常都很忙，我就一个人安安静静地在旁边玩儿，等妈妈下班的时候，又跟着妈妈一起回家。正因为妈妈工作很忙,所以我常常被放到舅妈家里。

我是单亲家庭出生的孩子,从我出生那天起,就未见过爸爸。听外婆说,在爸爸妈妈结婚当天,爸爸本来开着婚车兴高采烈地去迎接我的妈妈,却不想中途发生意外,爸爸车祸身亡。得知这起意外交通事故的时候,妈妈正在穿婚纱。令所有人都深感遗憾的是这件婚纱最终未能穿到婚礼现场。后来,也没有人能再看见过那件婚纱。

妈妈做婚纱,爱婚纱,也告诉我女人一定要拥有一套属于自己的婚纱。但很奇怪的是,我从未在衣柜里发现过妈妈的婚纱。我常常问妈妈的婚纱在哪里?妈妈总微笑着回答:"妈妈的婚纱放在了一个很隐蔽的地方。"至于这个隐蔽的地方在哪里,妈妈从来没告诉过我,这样一来,反而增强了我的好奇心。

眼看我的婚礼日期就要到了,为更好地迎接这一天的到来,妈妈陪着我做了很长时间的准备,包括饮食方面的营养搭配,还拉着我定期去美容院进行皮肤护理,当然也没忘了一周一次的头发护理。在这段准备时间内,其实妈妈显得比我更紧张也更忙碌一些。煤气炉上总是煲着各式各样的营养汤,在美容院或是美发店一坐就是一下午。除此之外,妈妈还在精心设计我在婚礼当天穿的婚纱。

记得有次顾客看中了妈妈为我设计的那套婚纱,可是妈妈说什么都不愿意出让。我的婚纱妈妈进行了反复的修改。这天晚上,看见妈妈又埋头在书房的灯光下修改设计图，我走了过去，问："妈！属于你的那套婚纱呢?"妈妈顿时定在那里，然后看着我说："妈妈的婚纱在爸爸火化那天也一起烧了过去，我希望那件未能穿到婚礼上的婚纱陪伴着你的爸爸，到世界的另一端，不会让他感到孤单。"

听完妈妈这番话，我马上哭了，然后紧紧地搂着妈妈说："妈妈，我也不会让你感到孤单的。"

——一位 27 岁美发师

当我们披上婚纱的那个幸福时刻，想想我们的妈妈，当年的她在披上婚纱的时候也跟我们有着同样的悸动。 送妈妈一套婚纱，让妈妈重温当年的甜蜜吧！ 不管妈妈身边还有没有那个陪伴着她的人，都让妈妈感觉到还有我们陪伴在她的身边，不会让她孤单。

和妈妈煲电话粥

　　我在老家念的大学，学的是酒店管理。大学毕业后，被上海的一家公司聘用。与那些土生土长的上海人以及大学时期就在上海度过的人不同，在这座城市里，我所认识的人很少。我所在的公司是一家大型餐饮集团，全国有多家连锁店。服务性行业工作的性质决定了我不能像普通上班族那样有固定的周末。通常情况下，都是按照排班表进行一周一次的轮休。本来认识的人就不多，如此一来，更加不利于结识到新的朋友，连少得可怜的几个旧友之间的关系也只能靠打电话或通过互联网来进行维系。放假时间的不统一，最终导致我们很难见上一面，即使大家生活在同一个城市。

　　与朋友在假期方面的冲突，导致一到放假的时间，我就找不到人一起玩儿，久了心生无所事事之感，有时反而期盼工作时间的到来。

　　在我的印象里，妈妈一直都是一个很严肃的人，对我的学习生活总是管教得很严格。小时候的我，很怕她，甚至常常不愿意靠近她。念大学的时候，除了每周例行公事一般地向家里汇报近况，再无过多的情感交流，直到离开老家。工作以后，妈妈主动给我打来了一个电话，电话那头的妈妈一改往日形象，跟我聊起了我童年的许多趣事。原来，小时候跟妈妈唠叨过的关于班里的同学和朋友，妈妈都记得，连好些我已经失去联系的老友的近况，妈妈都知道。

那天聊完电话以后，我对妈妈有了一个新的认识，原来她也不是我想象中的那么刻板、难以变通啊。彼此间的感情通过电话尽情传递，你一句我一句之间，让我对妈妈在原本只有敬意的感情外，多了一份类似于朋友间的亲密。

这以后，每当我想找人聊天，第一个想到的就是妈妈。为此，我还把妈妈的电话设为5号键快速拨通，因为5是手机上最容易按到的那个数字键。

放假无事干的时候，我就会习惯性地拿起手机，给妈妈拨个电话过去，我们一聊就是大半天。之后，爸爸有次偷偷给我打来了电话，向我抱怨妈妈在家整天拿着电话讲不停，还怀疑妈妈是不是在外面有了别人，问我对这事是否知晓，我才意识到煲电话粥的严重性了。据说，还严重影响到了爸爸的工作和休息。

在向爸爸认真解释一番之后，方让他消除了疑惑。但我和妈妈的电话粥又是不得不煲的啊，我们已经习惯了在电话里絮叨各自生活当中的琐事。于是，我很快在网上订购了一部手机，给妈妈寄了过去，这样一来，就不会打扰到爸爸的工作，而我和妈妈又能尽情地聊天了。

——一位30岁经理

和妈妈煲电话粥是一件很有意思的事情，它可以拉近彼此间的距离，增进双方的感情。即使两人相隔千山万水，也能通过一个电话，传递爱意。很多时候，并不是我们离不开手机，说到底，是我们心中割舍不下那份亲情。

记得早晨在父母床边说"起床了！"

    "小懒猪，起床了！"玲玲轻轻地走到女儿房间，凑到她的耳根旁，试图叫醒还在睡梦中的女儿。显然力度不够，玲玲不得不再用手轻轻地推了下她小小的身躯，此刻，女儿终于苏醒了过来，揉揉蒙眬的睡眼，坐了起来。此情此景，难免让玲玲回忆起小时候，母亲每天清晨在玲玲耳边用相同的语速与口吻说出了同样的一句话——"小懒猪，起床了！"

    打从上幼儿园开始，母亲就负责上学期间每天清晨叫玲玲起床。从星期一到星期五，从未间断过，而且总是在做好早餐之后按时准点地叫醒玲玲。在外人看来，玲玲有一个贤惠的母亲，母亲在生活、学习上对玲玲的关心、照顾无微不至。玲玲的成绩在班上总是名列前茅，而且上课从来没有迟到过。估计，还得谢谢母亲那句"小懒猪，起床了！"

上大学的时候，玲玲离开了老家，到了另外一个陌生的城市。母亲送玲玲上的火车，待玲玲把行李放好之后，母亲掏出一个包装精美的盒子，说是送给玲玲的礼物，让她好好收着，更叫玲玲一个人在外好好照顾自己。母亲转身离开，火车在一声鸣笛之后缓缓地驶向了远方。坐在火车上的玲玲，打开那份母亲送的礼物盒子，发现里面竟然是一只闹钟。闹钟的款式虽然普通，但很耐看，而且做工质量都很不错。只是玲玲有点不太明白，母亲为何会送这样一只闹钟给她呢？

进了大学，来到一个全新的环境中，好玩儿的、好吃的、好看的，一切对玲玲而言都充满了新奇。带着这份新奇，玲玲忘却了对家的那份思念，甚至常常忘了给家里打个电话报个平安。大学上课的时间没那么集中，也很自由，母亲送玲玲的那只闹钟一直被我放在箱子里，因为实在觉得作用不大。转眼间，大学四年就要结束了。许多人忙着找出路，找工作的找工作，实习的实习，考公务员的考公务员，而玲玲，选择了考研。考研的道路是艰辛的，需要自己能够沉得下心来。考研的竞争也是激烈的，自己给自己设定好了每日的复习时间，早上6点钟起床，晚上10点钟回宿舍。很久未早起的玲玲，突然要自己每天按时早起，确实有点困难。这个时候，玲玲想到了母亲的闹钟。这件在箱底尘封了多年的礼物——闹钟，现在终于派上用场了。晚上睡觉前，玲玲把闹钟的闹铃设置好，然后安心地睡了过去。第二天6点钟的时候，一阵熟悉的声音催促着玲玲起床，玲玲被惊醒的同时，眼泪滑过脸颊。原来，母亲把自己的声音录成了闹铃，还是那句听了十几年的"小懒猪，起床了！"母亲的爱，一直都在，可玲玲却轻易地忽略了。

那年考研结束后，玲玲回到家中，在一个有阳光沐浴的清晨，走到母亲的房间，在母亲的耳边轻轻地说了句："起床了！"

父母对子女的爱是连续且不间断的，或许在我们成长的某个阶段会遗忘。 但在父母心中，永远不会遗忘掉的是自己的孩子。 让我们轻轻地在父母耳边说句："起床了！"以此告诉父母，我们也在爱着他们！

拿起染发剂遮住父亲鬓角的白发

　　我的老家在一个县城。念完初中以后，为了能让我接受更好的教育，父亲痛下决心将我送到市里面的一所学校读书。在我人生当中，这算第一次真正意义上的离家。是父亲送我到的学校，那天替我把床铺好后，我们父女俩在学校的食堂，一起吃了顿饭。饭后，父亲赶着坐车回家。

　　从县城到市里面，得坐将近两个小时的汽车。父亲走的时候，望着他离去的背影，我默默地流下了眼泪。我想，这是每一个初次离家又恋家的孩子都有过的情感经历吧。刚开始的时候，同寝室的室友在夜里熄灯后，最常聊的便是家里的种种事情，结果一个个越说越想家，仿佛一群被人从家中抓到学校关押起来的犯人一般，放假也就代表着刑满释放。因为想家而躲在被子里偷偷地哭泣，是那个时期的我最常干的事情。

　　高中时期的学习是很紧张的，特别是在那样一所重点中学里，竞争很是激烈。一个星期除了五天的正常上课以外，还有一天的补课时间。除了比较长的寒暑假，通常情况下，是很难有机会回次家的。家就像一块磁铁一般，对我有着强大的吸引力。在外的时候，吸引着我回去；回去之后，又让我难以离开。

读书时期这样，工作后依然如此。毕业后，许多同学选择去一些一线城市发展，但我选择了相反的路，回到老家，同爸爸妈妈一起生活。究其原因，其实再简单不过，无非源自内心对家的深深眷恋。

在县城里面找一份在周围人看来相当不俗的工作，过着朝九晚五的生活，多余的时间，除了看看书、晒晒太阳，然后就是和家人待在一起。我喜欢陪着妈妈买菜，也喜欢跑到厨房里面，在锅碗瓢盆、油盐酱醋之间游转，更爱看着一家人吃着可口的饭菜。

这天父亲照镜子，发现鬓角处的几缕白发，正发愁不知如何是好。恰巧被我撞见了，于是拍着父亲的肩说："爸！放心吧。下班回来的时候，我去买一支染发剂，保你明天又是黑黝黝的头发了。"

——一位 26 岁公务员

父母对子女的爱，很纯粹；父母对子女的要求，往往也很简单，那就是希望我们健康快乐。 对于现实的一些困惑，往往源自我们内心的诸多不满。 其实，孝敬父母的方式有很多种，不管是以哪种形式，只要我们所表达的是对父母的真爱，他们都会很感动的。

在父亲醉酒时递上一条热毛巾

　　父亲是一个酒量相当不错的人。但凡别人在我面前提到父亲，都不免由衷地夸赞一句："你爸酒量真好！"每次听到这话，我都不知道是该高兴还是该觉得心寒。因为酒量再好的人，也会有喝醉酒的时候。喝的时候都开心，但是醉酒后的痛苦，我想大概只有他自己能体会。

　　每次见到父亲醉得不省人事的时候，最担心的人，就是母亲。热毛巾、热开水、痰盂之类的统统备在旁边。热毛巾是拿来擦脸、敷脸用的，热水是用来喝的，至于痰盂，则是吐的时候用。

　　在父亲喝酒史上，有过好几次喝大的经历，还闹出了不少笑话。记得有一次喝醉以后，一个朋友不放心，非亲自送他回来。因为小区里面住的全是一个单位的，平时也都认识，于是那人便放心大胆地把父亲送到了小区门口就离开了。父亲那晚没能进到自己家的门，直接睡在了大院儿里。第二天，这件事传遍了整个单位。母亲为此生了很长一段时间的气。

不过有一点是很奇怪的，不管父亲在外面的时候怎么喝酒，回家后一定不会在饭桌上面嚷嚷着要酒喝的，不管当天妈妈做的饭菜多丰盛，除非家中来了什么重要客人。

　　后来我才明白，父亲年轻的时候确实爱喝酒，但现在喝酒纯粹只是为了应酬。父亲说："上了年纪才明白，没有什么比身体健康更重要的了。"

　　父亲在机关单位里面上班，也就是所谓的公务员，混了个一官半职，平时免不了参加一些饭局。中国人爱把事情放到酒桌上来谈，一谈就要喝酒，总觉得只要喝高兴了，所谈之事也就成功了一半。

　　父亲的身体，也在一个接着一个饭局之后，逐渐走上下坡路。为了自己的身体着想，父亲已经尽量避免参加一些不必要的饭局。如果实在推托不了，也不会像年轻时那般拼命喝酒了。

　　我常常问父亲，这样累吗？父亲总是和蔼地回答："活着，谁都累，但是每次喝醉酒看见你妈为我递上来的一条热毛巾，我就觉得不累，甚至觉得自己所有的付出都变得有意义起来。"

　　听完父亲的回答，觉得他和母亲之间的感情实在令人称羡，且让人备感甜蜜。父亲又说："爸爸在外面再辛苦再累，只要看见这个家好，就会觉得一切努力都是值得的。"

——一位 28 岁报关员

　　你的父亲是不是也是平日里忙于工作、忙于在外的应酬呢？ 如果是，那当他喝醉酒的时候，别忘了给他递上一条热乎乎的毛巾，让他能时刻感受到来自家人的关怀与温暖。

拿起剪刀为爸爸理发

王敏的父亲是一个相当守旧的人，这可能与他有过10年的军旅生活有密不可分的关系。从每日的生活作息习惯再到平日里的为人处世，都有着严格的军人作风。

在王敏家楼下，曾经有一间很老的理发店。那间理发店开业于1963年，是一间纯正的国营理发店，店门口还挂着一块白底红字的牌匾，上面用正楷写着"国营理发店"五个大字。

那个时候是物资极度匮乏的年代，什么都缺，缺吃的、缺穿的。去国营理发店理一次头发，在当时看来是一件极其享受也略显奢侈的事情。不用排号，往那儿一坐，享受贵宾级的待遇，理完发后还给你捶背按摩一番。

当时还是计划经济时期，王敏记得第三任经理姓王，文化程度不高，在国家还倡导平均主义的情况下却在店内搞起了计件制，按照每个职工理发的多少来发工资。别说，这一搞，把店里员工的精神都给带动起来了，生意也是越做越好。

　　王敏的父亲后来转业回到老家，被分配到一家国有企业上班。在王敏儿时的记忆当中，父亲很爱到楼下的这间国营理发店剪头发，每个月一次，雷打不动。每次到了要剪头发的时候，临出门前就见父亲特别兴奋，剪完头回来也总是一副神采奕奕的模样。

　　这几年，随着美容美发行业的发展，国营理发店最终还是默默地倒闭了。以前楼下就那一间店是剪头发的，现在楼下做美容美发生意的增加到了五家。门口的招牌也是一个比一个有档次，站在门口负责揽生意的服务员一个比一个新潮。头上染得红的绿的紫的，什么颜色都有。一进去，就是拼了命地给你推荐染发、烫发。如今，烫发的花样也是层出不穷，烟花烫、锡纸烫、波浪卷等应有尽有。

　　奇怪的是，酷爱剪头发的父亲却从来不到这些美发店里面去消费。父亲的理由是：理发就剪头发，弄那么多花样干吗！父亲的这个观点王敏也是有所赞同的，楼下的理发店倒是去过几家，本来只是想剪剪头发的，谁知道进去后被剪头师傅一糊弄，最后也染了个头发。往那理发店的椅子上一坐，总觉得不染个头发对不住他们。王敏甚至会想，如果她还是坚定地告诉他们，自己只是想剪个头发而已，他们会不会故意把她的头发乱剪一通？

　　不过，自那以后，王敏就很少再到楼下的美发店剪头发了，父亲更是自己买了把剪刀在家中对着镜子自己修剪。一开始，还有母亲在旁边帮忙，后来母亲过世了，父亲只好自己一个人弄。

　　这天王敏下班回家，刚好看见父亲一个人坐在阳台上修剪头发，看着父亲的背影，心中不免一阵酸楚。王敏叫住父亲，走上前去，夺过剪刀，说："爸！以后每个月就让我负责给你剪头发吧！"父亲转过头来，微笑地看着王敏，说："好啊！我的乖女儿！"

习惯了朴素生活的父母，或许无法接受当代的快节奏生活，他们的情感是朴素的，同时也向往简单的生活。拿起剪刀为爸爸理发，这一举动虽小，却能感动到父母的内心深处。好好照顾父母，就像小时候他们照顾我们一样！

带着爸妈一起去看电影

刘杰的家在一个小县城里面，家的对面就是电影院。小的时候，刘杰最爱在傍晚时分趴在阳台上看着对面依次进入排队影院的人群。

每当有新的电影要上映，电影院门口就会立一块大大的牌子进行宣传。牌子上都是近期上映的电影海报，然后还有一些剧情介绍。通常，剧情介绍都很精彩，总在最后几句故弄玄虚，吸引更多的观众买票进去。那个时候自己掏钱买票看电影的人不怎么多，倒是常常有单位或者学校进行包场，然后组织单位职工或者学校学生集体观影。

刘杰记得看的第一部电影是由他爸爸单位组织的，包了个全场。因为可以带家属，所以晚饭过后爸爸领着我和妈妈一起到电影院看电影。又因为家里离电影院比较近，因此我们在电影放映前10分钟才晃晃悠悠地走出家门。电影院里来的全是一个单位的，在还没正式放映前，里面可热闹了，全都聚集在一起拉家常。今天晚上做了什么好吃的，明天孩子又要干吗，总离不开这些话题。说着说着，屏幕一亮、灯光一暗、音效一响，观众集体安静了下来。那天晚上的电影是关于红色革命题材的，具体片名早忘了。刘杰在电影院中大哭了一场，因为片中的革命人物死了。坐在旁边的父母忙安慰刘杰，劝刘杰别哭。那个时候小，哪知道电影是假的，自顾自地在那儿大哭一番，哭到最后电影放映结束。

到了中学时代，刘杰常常逃课跟同桌的女孩儿一起去看电影。总在新片上映期间，某个晚自习的时候，假装毫不相干地跑出去上厕所，然后再约在某个特定的地点一起朝电影院奔去。成功了几次，但也被班主任逮到过几次，还把他们俩的爸爸妈妈叫到学校训话，回家后他们都挨批了。这些青涩的记忆随着电影院的改建变得模糊起来。

2000年，电影院重修，原来的老旧放映厅全部被拆掉。不出一年的工夫，一间崭新的电影院修好了。原本一层楼的电影院变成了两层，一间放映厅如今变成了十间，并且每间都取了一个特别的名字。里面的装潢设计也变了，椅子更加舒适，屏幕也更宽了。

不过，因为读书的缘故，刘杰离开了原来居住的小城镇，倒是爸爸常常打电话告诉刘杰对面电影院的近况。每次听爸爸在那儿说得津津有味，刘杰心里多想能够回家跟爸爸妈妈一起看一场电影啊！

今年，刘杰把年假留在过年的时候一起用，早早地就给爸爸打电话说要回家过年的事情。爸爸和妈妈都很高兴，因为工作的原因，刘杰已经两年都没有回家过年了。回家第二天，爸爸坐在沙发上看电视，刘杰拿着买好的三张电影票递到父亲手上，说："爸！今晚吃完晚饭我们一起去看场电影吧！"

带着爸爸妈妈看一场电影，重温儿时的梦。想想小时候，爸爸妈妈拉着我们的小手，走进电影院看电影，在电影院的光影流动间，收藏着那些童年的记忆。现在，就让我们挽着爸爸妈妈的手，再一次走进电影院，回味当年的时光。

千万别忘了告诉父母"我很好!"

　　毕业那年,在未来发展这个问题上,我与家里发生了严重的分歧。父母希望我能考研,要不然就考取当地的公务员。但这一次,我拒绝听从父母的安排。爸爸问我原因,我只简单地回答了一句:"我希望遵从自己的意愿去生活!"话音刚落,爸爸脸上立即显出失落与愤怒的神态,对此我至今记忆犹新。

　　在家长的眼中,我一直都是一个乖巧听话的孩子;在老师的眼中,我也是一个刻苦勤奋的好学生。每次的家长会,是父母感觉最光荣的时刻,至少在年少时期的我看来的确如此。家长会上,父母总被老师请到台上讲几句,作为其他家长学习的楷模。

　　从小到大,除了学习,父母对我再无其他的要求。真的可以算得上饭来张口、衣来伸手般地照顾我,宠爱我。不过,前提条件是学习成绩一定要好。要是哪次考试成绩下了年级前三名,爸爸和妈妈一定轮番找我谈话。

高考那年，考试成绩不好也不坏，算是发挥出了正常的水平。填报志愿的时候，父母替我选择专业。他们没有问我到底对这专业是否感兴趣，他们只明白这专业读出来就业前景好。

"我希望按照自己的意愿去生活！"这发自内心的呼喊，无数次地从心底响起，却又无数次在冲到嘴边的时候给咽了回去。究其原因，或许只因为内心还不够坚定吧。

所以，大学毕业那年在未来方向的选择上，我果断地拒绝听从父母的安排，毅然决然地和香港一家餐饮集团公司签订了劳务合同，在该集团旗下的人力资源部门任职。父母在这件事情上反对的声音很大，见劝说不动我，更是找来不少同我从小长到大的朋友帮忙，很是费了一番心力。但这一切都是徒劳。

离家前去单位报到的那天早晨，在家吃完妈妈做的早餐，在门口对父母淡淡地说了一句"我走了"。提着行李的我，头也没回地转身离开了家。当时，大家都在气头上。

转眼间，我离开家都两年了，两年来没有回过一次家。除了在重要的节日打电话回家问候几句之外，其余时间，都没怎么跟家里联系。我常常一个人望着璀璨的夜景，看着无数亮起的灯，心想，有多少盏灯，就有多少个正在上演的故事。"你站在桥上看风景，看风景的人在楼上看你。明月装饰了你的窗子，你装饰了别人的梦。"夜幕降临时分，站在窗边看风景的我，总能想起这首诗来。

公司新来了一位同事，他无意间说出的一句话，让我感触颇多。他说："千万别忘了告诉父母，你很好。"对啊，离家这么久，从来未曾考虑过父母是否在家担心我，也没想过父母对我的思念之情有多重。

——一位 30 岁餐饮集团总经理

不管离家多远，都别忘了告诉父母，你很好。不管离家多久，也别忘了家中一直记挂着你的父母。别忘了，不让父母替我们担心，也是对父母的孝顺方式之一。

回家为父母做顿饭

女儿这天回家，嚷嚷着要为我和她爸爸做顿饭，我和老公听了之后乐得不行。这孩子从小到大，我们都没让她干过什么家务活儿，别说做饭了，就连洗碗都没让她碰。这倒好，突然之间说要为我们做顿饭。老公不管是为人处世，还是在教育孩子方面，都比我沉稳。对于女儿的提议，他不仅没有阻止，反而说："嗯！既然女儿说要为我们做饭，那我和你妈妈就待在客厅里，只等我们的大厨喊开饭吧！"

听丈夫这么一说，我倒急了，一脸疑惑。正想插话，却被他给拦了下来，拉到了一边。

我们在客厅里打开电视，边看边闲聊着。不知不觉，半个小时过去了。听见厨房里不时传出锅碗瓢盆打翻和被摔的声音，我这心也跟着七上八下。我以商量的口吻说："要不我们进去看看？"

老公一口回绝了我的提议。

又半个小时过去了，女儿一直待在厨房里，没见出来过。正在这个时候，从厨房传出的一阵尖叫声，让我们再也按捺不住了，赶紧朝厨房冲了过去。

果然不出所料，忙活将近一个小时后，女儿不仅没做出什么饭菜，还差点儿把厨房烧了。锅烧得太烫，油一下去，就着了。幸好补救措施做得好，才没酿成大祸。

不过，我和老公并没有半点儿责备女儿的意思，因为知道她也是一番好意。追问之下才明白，原来女儿这是在完成老师出的一个课外题目——回家为父母做顿饭。

晚上睡觉前，我和老公躺在床上，他突然问："老婆，我们有多久没回家看爸妈了？"我拿出手机，迅速翻看了一下日历，发现我们竟有大半年都没回过家了。如果不在同一城市生活，这么长的时间，倒也合情合理。但问题是父母和我们都在同一城市，还是同一个区的呢。

我和老公对此都惊诧不已。最近大家忙得都有点昏了头了。老公提议，下周末回家给父母做顿饭，我马上点头称是。

——一位 36 岁销售主管

你有没有仔细计算过，平均多长时间回家看父母一次吗？ 你想过，回家的时候，让母亲放下手中的家务，亲自为爸爸妈妈做一顿饭吗？ 趁父母都在的时候，多回家陪陪父母，并为他们做一顿饭，不需要太美味，只需用你那颗充满了爱的心，足矣。 想必，父母还没有亲口尝过你做的饭菜吧？从生活当中一点一滴的小事做起，不要给自己的人生留有遗憾。

和他们一起翻看相册

在爸爸书房的抽屉里，保留着一本厚厚的相册。可以说，那本相册在我还没有出生的时候便已经出现了。所以，它在我们家待的时间比我都长。

那是一本比较大的相册，封面是绿色的，并配有一些小碎花进行装饰点缀，相册外壳的正中还用金色的笔写下"童年记忆"四个醒目的大字。

听妈妈说，这本相册是爸爸去上海出差的时候，特意买给我的。当时，我还在妈妈的肚子里面。爸爸说，是送给未来女儿的礼物。妈妈则笑话爸爸真是矫情。

能看得出，爸爸是在认真对待这本相册的。相册第一页关于出生记录这一项，爸爸用钢笔一笔一画，仔细填写。爸爸的字写得并不好，所以，看见上面工工整整的字迹，我还怀疑了老半天，这真的是爸爸写的吗？

关于出生记录的内容，我只能说，爸爸确实是个心细的男人。从我出生时的反应、周围的一些状况，甚至当时护士小姐说了些什么，他都一一记录在案。如果不是事先已经知道，大概我真会当一短篇小说阅读。

再往相册里面翻，从我满月时候的照片，然后是一岁、两岁，再到每年六一儿童节时期的一些照片，全部都在。妈妈说我长得真快，差不多一年一个模样。妈妈还说我很小的时候拍照还好，再大一些的时候，不知道是什么原因，每次叫我拍照，我就哭。所以，长大后，我再翻看自己小时候的照片，确实如此。几乎在照相馆中拍出来的照片，没有一张是笑着的，全都嘟着嘴巴，一副不高兴的样子。

听妈妈讲完，我乐不可支。真没想到，原来自己小时候还这么有意思。爸爸在一旁忙补充道："你还好意思笑，当时可把我和你妈给气死了。"

——一位 25 岁化妆品导购

和父母一起翻看小时候的照片，是一件非常有意思的事情。不信，试试就知道了。因为他们总能从那些照片当中讲出很多已经被你遗忘掉的童年趣事。

为父母准备一份秘密存折

最近妈妈有那么一点儿反常。比如，做的饭菜开始变得很咸，而她自己却感知不到；再比如，进门的时候忘了拔钥匙；还有，夜里两三点钟睡不着觉，一个人跑到客厅看电视。

我和妻子商量，到医院里面给妈妈挂一个专家的号，陪妈妈去做一下身体检查。但是，当妈妈得知这一消息的时候，很是激动地拒绝了。我和妻子为此都非常不解。

某天，趁妈妈出门到菜市场买菜的空当儿，我和妻子又讨论起了这事，刚好女儿也在一旁。正在我们俩为此犯愁的时候，女儿在一旁插话道："奶奶不愿意去做身体检查，是怕花钱。"

我和妻子赶紧追问女儿，是谁跟她说了什么，还是自己在那里乱猜的。女儿说："是奶奶晚上睡觉的时候，自己亲口告诉我的。"

女儿从小就跟着我妈一起睡，甚至可以说从感情方面来讲，我和妻子同女儿的感情，不如妈妈跟女儿的感情好。

我和妻子听女儿这样一讲，算是明白了。最近家中出现了一些财政危机，我做生意亏了不少的钱，加上每个月几千块钱的房贷，所以，经济方面确实不怎么宽裕。

但是，妈妈所不知道的是，我和妻子每个月无论如何都会为老人存一点儿钱在卡上。那张卡是专门为老人办的，当初的想法也很简单，就是想着老人毕竟年纪大了，身体难免会出点儿什么状况，到时候可以应应急。

当得知妈妈不愿意去医院进行身体检查的真正原因后，为了消除她的这一顾虑，我和妻子晚上下班回家时，把那本为老人办的存折亲手交到了妈妈的手上。几年下来，上面差不多也有将近十万块钱了吧。

第二天，妻子就去了医院，托朋友的关系，给妈妈挂上了专家门诊。

——一位 36 岁银行经理

为父母准备一份秘密存折，这相当于给父母另外买了一份保险。 老人无论在什么时候，心里想的都是自己的儿女，为了不给儿女添麻烦，喜欢什么事情都藏着掖着。 准备一本存折，定期为父母存一点儿钱在里面，然后在父母需要的时候，交到父母手上。

给父亲买的跑步鞋

张伟讲述了与自己父亲的故事：

　　年轻时候的爸爸，是一家国有企业的厂长。在外人眼中，那可是相当了得的一个人物，管着厂里好几百号人呢。在爸爸担任厂长的那几年里，厂里的效益更是屡创新高。

　　剥开厂长这件华丽的外衣，回归到生活，爸爸是一个追求朴素、简单的人。这么多年，一直保持了节俭的生活作风。即使是在家里经济条件明显改善的情况下，也丝毫不会出现铺张浪费的现象。这可能跟他们那代人从小吃苦长大有关。

　　在我儿时的记忆当中，家中的饭菜从来都是吃多少做多少，不会出现倒掉的情况。即使偶尔没有把握好量，做多了，爸爸也会让我们留在那里，下一顿热了给他吃。

　　在吃的方面尚且如此，穿的方面就更是节俭了。贵为一厂之长的爸爸，穿着十分朴素。

那个年代，要是在厂里面能穿上用劳动布做的工作服，简直是全国劳动福利的象征啊！而爸爸的衣服大多是之前穿过很多年的，上面总有很多的补丁，都是妈妈一针一线给缝上去的。好在妈妈手巧，所以补丁看上去也不觉难看，拿到现代，或许还是时髦的象征呢！

有句俗话说得好："新三年、旧三年，缝缝补补又三年"。每次听到这话，我就想到我爸，这简直是对他生活状态的最贴切的描述。爸爸的这种生活作风也遭到周围人的不少非议，其中，讲得最多的就是说爸爸是个吝啬鬼。对于外面如此的评价，爸爸总是一笑置之。

爸爸虽然对穿着方面不是很讲究，但是，也是一个有着自己喜好的人。他最爱穿的衣服是一件草绿色的军大衣。每当秋冬时节，爸爸就爱把它穿在外面，尽管上面也有许多补丁，但是爸爸对它的在意、欣赏程度还是蛮高的。

退休后的爸爸，在家享着清福。没事儿的时候，约上三五好友去郊外踏青，或者在楼下的公园里面和附近的老头儿一起下下象棋，喝喝茶、聊聊天儿。

这么多年来，爸爸一直保持着一个良好的生活习惯，那就是坚持天天跑步，不管刮风或是下雨，从未见他间断过。

爸爸有一双穿了近十年的鞋，这双鞋是专门拿来每天跑步时穿的。穿了这么多年，上面早已补丁满天。好在找到一个专门修鞋的老师傅，老师傅年过六旬，修了一辈子的鞋，不光是经验丰富，从工艺方面来讲，也是相当精湛。在还未找到这位老师傅以前，爸爸这双鞋经过了不下十个修鞋师傅的手，每次刚一拿出，就被人家直接拒绝，还说："这鞋都这么旧了，修鞋的钱还不如你买双新的了。"爸爸只好提着鞋沮丧地离开。

其实，凭家里的经济条件，完全可以买一双上档次的运动鞋。妈妈也曾劝过爸爸好多次，叫他换一双。不过，爸爸都不同意，坚持一定要穿到不能再穿为止。

那双鞋补到后来，连那位老师傅都已经补不下去了。最后，爸爸不得不放弃对那双鞋的坚持。

没有了跑鞋的陪伴，爸爸好几天都闷闷不乐的。早晨还是很早就起床了，但不出去跑步了，一个人待在屋子里，来回踱步。我和妈妈看在眼里，急在心里。

这天下班，我和妈妈约好了在商场见面，准备给爸爸挑选一双合适的跑鞋。

老一辈的爸爸妈妈，由于生活的年代与成长的环境与我们有很大的不同，他们有他们自己的生活习惯。对此，我们首先应该选择尊重，然后给予生活方面的关爱。

配给父母的养生食谱

王强是一位平面设计师，他讲了他的故事：

我从小就喜欢画画，且画得不错。好在父母对我的这一兴趣爱好也是相当支持。在他们对我进行悉心培养的日子里，最令我难忘的，还是高二那年的暑假。

在那个暑假里，妈妈为我报了中央美术学院考前辅导班，两个月的学习时间，我们一家三口千里迢迢地从沈阳来到了北京。妈妈因为不放心我一个人去北京学习，和爸爸一起，向单位请了假，简单收拾一些生活用品，买了三张火车票，就这样一路来了北京。

说是简单收拾，其实也算搬了一次家了。到北京后，我们一家先是住旅馆，随后到考前辅导班报到。报到完毕，妈妈通过房屋中介，在辅导班附近找了间房子，住了下来。毕竟爸爸妈妈都是有工作在身的人，不便一直留在北京。所以，等一切安顿下来之后，爸爸就回沈阳了，还跟妈妈商量好了，一人照顾一段时间。

由于爸爸的工作比妈妈要忙得多，所以，大部分时间都是妈妈留在北京负责照顾我。我曾向他们提议，留我一人在北京学习。可妈妈不放心，总说，不管怎么样，也要等到我中学毕业。每次听见妈妈这样讲，我反而心疼起他们来了，真是"可怜天下父母心"啊！

那时，正好是一年当中最热的时候。我每天8点钟上课，下午5点下课，晚上7点又得往画室赶。一日三餐，都是妈妈在负责。与那些同来北京培训的同学比起来，我真的要幸福很多。不用和大家挤在狭小的宿舍里睡觉，不用为每天到哪里去吃饭而发愁。每天6点半左右，妈妈就开始在厨房里面忙活我的早餐了。为了不影响我睡觉，她总是蹑手蹑脚，生怕发出什么大的响声。

当时租的房子属于合租房，所以大家合用一个厨房。住户们都对妈妈的厨艺赞赏有加，一日三餐，没有哪一餐是凑合着吃的。妈妈做的饭菜，不仅美味，更注意营养方面的搭配，谷类、蛋白质、维生素、藻类，应有尽有。

后来，我没能考上中央美院，但也考取了一所不错的大学。对妈妈爸爸来讲，也算是一种欣慰。念大学以后，我渐渐学会独立生活，包括如何与同学相处、如何过集体生活，都是我在大学期间需要慢慢学习的。

少了妈妈在身边的唠叨，起初还会不习惯。刚开始上大学那会儿，妈妈一天一个电话打过来，同寝室的同学为此取笑了我很久。后来，在爸爸的提醒下，妈妈减少了来电的次数，从一天一次改为一周一次，再到后来，半个月才打一个电话。妈妈说："大了，懂事了，不用我再操心了。"

妈妈说得没错，在学校学习的这几年，我确实懂事了很多。工作后，我变得更加成熟，因为懂得作为一个男人所要肩负起的社会责任和家庭责任。

妈妈现在不用替我操心了，但我却开始担心起妈妈来。爸爸妈妈身体的健康状况，是远在异乡的儿子最为牵挂的一件事了。

趁着周末有空，我找到一家专门进行营养配餐的店，让他们针对爸妈的身体状况，配制一个适合他们吃的养生食谱，希望他们身体健健康康的！

我们是父母眼中永远长不大的小孩儿。反过来，父母也是我们永远的牵挂，特别是在我们长大懂事以后。为父母配一个养生餐，既是对父母健康的一个保障，同时也给远在异乡奋斗的我们带来一份安心。

常回家看看父母

那曲《常回家看看》告诉了天底下的孩子，不要为任何理由而推托看望自己的父母。 也许老人真的就只希望看到孩子的微笑、听到孩子的声音，这些就是他们最大的欣慰。

也许孩子永远不懂父母的心，可能当有一天父母不在，而自己也成为父母的时候才能够深切体会到那种浓浓的爱子之意。

大学毕业，他被分配到离家乡 100 公里以外的城市。父亲早逝，身为长子，每个月他都雷打不动地回老家看望母亲。

返乡的车票是用质地较厚的彩色胶纸印刷的，每次，母亲都对他说："孩子，你的车票挺好看的，送给我吧！"他笑一笑，就把车票送给母亲。晚上他就睡在母亲的土炕上，后来母亲就开始随便地翻他的衣袋，只留下那张车票。

后来，他恋爱、结婚、生子，开始每两个月回一次家。

再后来，他担任单位领导，更忙了，有时甚至半年才回一次家。尤其是他有了专车，没必要再坐长途汽车，他开始适应不了长途车的颠簸，母亲慢慢地也就不再向他索要车票了。

10年过去了，他已是市里的一位市长。有一天晚上家里电话响了，老家的弟弟来了长途，说母亲突患脑溢血，生命垂危。

100公里对他来说是短途，一个小时以后，他便见到了母亲。这时，他突然发现母亲已是白发苍颜、衰老憔悴。见了一面，天亮时母亲就去世了。

他带领兄弟姐妹们，披麻戴孝，安葬了母亲。

整理母亲的遗物时，他从那只祖传的樟木箱子里翻出了一本中学课本，那是昔日母亲用来塞鞋样的。他翻开来，啊！书内竟整齐地夹着一叠车票——他当年每次返乡看望母亲时留下的车票。

他的泪水又一次地涌了出来，他后悔，为什么母亲健在的时候不多回几次家？他还突然想起，这么多年来，母亲还从未到他的四室二厅里住过一夜！

回城市时，他只携了那一叠花花绿绿的车票。

他常常把车票的故事讲给父母尚在的朋友们，极力使他们意识到父母对子女有一种深深的牵挂他说，多回家看望几次老人吧，哪怕只停留片刻，否则，你也会有深深懊悔的那一刻。

你是否也有这样的感觉：成家多年了，虽然和父母同住一个城市，但由于事情太多，老是抽不出时间回家。总觉得走到哪里也是父母的孩子，他们总在那个老家守候着，回家多一回少一回无所谓。某一天听到某首歌，突然间醒悟过来，原来一直以来自己错了。于是，回家的时候，站在门外，总感到内疚，像一个做了坏事的孩子将见到大人那样，心里忐忑不安，总好像谁在责备着自己。敲门的时候，猜想着父母正在家做什么事。进了家门，看到父亲缕缕花白的头发、母亲渐渐苍老的脸，有一种心痛的感觉。

　　生活在现代社会的我们，被浓重的商业化气息包围，就像是被捆绑在一架高速运转的机器上。不知不觉中我们是否疏远了那份真挚的情感？父母亲的牵挂是那样纯洁、无私和默然，如夜晚天空中的明月，柔静地照耀在儿女们的心中。当我们品味了那"一叠花花绿绿的车票"背后的牵挂，体味了作品中的"深深懊悔"后，心灵受到了怎样的震撼、头脑受了怎样的启迪呢？

　　子欲孝而亲不在，这种巨大的遗憾还继续发生在很多人身上。如果你还幸福地拥有父母之爱，那么，请别忘了，在百忙中抽出时间，常回家看看，听听妈妈的唠叨，和爸爸谈谈工作……

给自己的父亲写一封信

人们都说，父爱就像一座山，沉默、稳重，岿然不动。在现实中，我们会无法避免地被一些事情伤得体无完肤，有时候，我们就会选择逃避。 但是，无论我们怎样逃离，也逃不出父爱这座大山。

在那首《常回家看看》里， "妈妈准备了一些唠叨，爸爸张罗了一桌好饭"，妈妈的感情总是这样直接地表达出来，所以，孩子一般和母亲的交流要多些。 然而，父爱就是这样无声却有行动地在阐释，子女和父亲的交流就显得相对少些。 所以，不管距离多近，子女都需要和父亲互通一次信，让孩子的心和父亲的心靠得更紧些。

和父亲互通一次信，要远胜过许多次面对面的交流。 当面对面的时候，双方都会因为羞涩无法打开心扉，更重要的是，声音的时间性会催着我们说话，不然就会出现沉默。 此时，用心去想出来的话，也是浮光掠影，无法真正表达内心深处的想法。 然而，当我们拿出笔来，对着白纸思念父亲时，情绪经过筛选把最纯粹的部分书写在纸上，也方便对方抽出专门的时间仔细地去读信里想要表达的内容。

在父亲和子女之间通信时，双方都不必斟酌怎样表达，把想说的话，需要说的事直接简单地说出来，至亲的人之间语言的交流上应该不存在隔阂，这样的交流不是为了彰显自己的文采，也不是为了显示自己的深度，这只是亲人间最普通的交流方式。父亲可以唠唠家常，儿女可以谈谈理想，亲人之间在亲情的基础上又加了一层友情的色彩。即使不是无话不说的境界，也会使彼此的关系变得更加和谐。

给自己的父亲写一封信，谈谈工作也好，谈谈人生也好。你会发现，父亲的爱是那么深厚稳重。父亲就像一座山，给迷茫飘摇的我们那么沉实的安全感。

用 DV 记录想对父母说的话

　　从小我们就跟从父母的脚步，躲在父母的羽翼下，然后慢慢成长，走上自己的人生道路。曾经是他们牵着我们教我们慢慢学会走路，后来他们需要我们搀扶了；曾经是他们教我们做人的道理，后来他们慢慢听不清了、看不清了，需要我们给他们讲这世界上的新东西了。你这才醒悟，原来给父母的，太少太少。

　　所以找一个机会吧，好好把这些年来的感激、心疼、不忍、歉疚，还有累积那样久的爱，都说出口吧。换一种方式，拿一个 DV，调好距离，对着自己的脸，录清表情，把心里的话都说出来，对着镜头，就像对着他们一样。我们可以从记忆最深处说起，一点一滴、一些感触，也可以从一件小事说起。这种表达不用文采，不需提前准备台词，只要坐在那里，想着对象是我们至亲的父母就可以了。这时的话是最感人、最动情的。

　　也许父母也会在儿女的提醒之下回想起某一段时期的某

一段故事，也许是孩子蹒跚学步时的可爱，也许是孩子成长之后受到表扬时红扑扑的脸蛋，也许是犯错时孩子的道歉信，也可能只是叛逆青春期时的一次别扭。 然后有了如今已经可以反过来照顾他们的孩子，但终究都是孩子。

原来父母需要的，只是我们几句简单的话，只是能够看到我们。 我们一点点的用心，在父母看来也是满心欢喜的。他们是这个世界上对我们付出最多却要求最少的人，他们是这个世界上最爱我们的人。

用心为父母做一个蛋糕

在心情低落沉郁的时候，甜点是一种让人顿时愉悦起来的食物。 做一个好蛋糕要求蛋糕师的心要细、手要巧，所以许多年轻人会为恋人亲手做一个蛋糕表达爱意，这似乎也成为一种"卓有成效"的求爱方式。

高端的蛋糕师在传授所谓"秘方"的时候，往往会告诉求学之人：用心去做。 这建议看似平淡无奇毫无帮助，却是烘焙蛋糕的最高境界。 甜腻的奶油、精致的模具，必须一步一步全心全意地去做，才能做出好看好闻、味道细腻的蛋糕，所以才会有用以表达爱意之功用。

你不如也去尝试一次，买些用具和作料，上网找点教程，为父母烘焙一个蛋糕。 仔细地涂上奶油，做些小装饰，写上感谢父母的话，当他们看到的时候，一定是不小的惊喜。

最温柔的用心不一定只给恋人，最体贴的安慰不一定只给朋友，不要忘记了，在你的一生中，亲情的位置永远都是高于一切的。 你有一个家，有等候你回家吃顿饭的父母，有每天关切地唠叨你注意身体的电话。 当你与朋友尽兴、与恋人甜蜜的时候，他们还在等着你们早点回家；当你们绞尽脑汁为朋友挑选生日礼物、为恋人制造惊喜的时候，他们还在等着你们打个电话回家问候一声。

如果你还记得他们，如果你爱他们，就用比对朋友、恋人多一百分的认真，为他们做一些事情，让他们高兴。 回过头想一想，我们每天欣然吃着父母做的饭菜，根本不会想到他们绞尽脑汁地去迎合我们的口味。 多年来，我们也不过是他们眼中的孩子，却忘记了随着年龄的增长，孩子已是大人，而父母也成了老人，需要我们更多的关心。

在烘焙蛋糕的时候，想想你的父母为你做菜时的心情，想想他们每天给你打电话喊你早点回家时的用心，然后用同样的爱去回报他们。 不需要太多的雕饰，也不需要过多的甜腻，只需要那一步一步、亲手做成的蛋糕就够了。 然后放到桌上，给他们切开，像他们每天急着给你盛饭一样，送到他们面前。

这时候，你不用过多地表达，父母欣慰的表情和衷心的夸奖，就是对你的最高奖赏。

为父母唱一首孝亲歌曲

也许我们已经记不得当我们还在襁褓中时，母亲为了哄我们入睡，倚在摇篮旁边，一只手晃动摇篮，另一只手轻拍我们的身体，嘴里一遍又一遍哼唱着摇篮曲时的情景了。的确，那已经离我们太遥远了。

如今我们长大了，岁月的痕迹却悄然爬上了母亲的脸庞。我们的声音不再稚嫩，变得有力量了，母亲当年那轻柔甜美的嗓音却已经被略带沙哑的喉咙替代。那么，我们是不是应该依偎在母亲的身旁，用我们有力量的声音，为她唱一首动听的歌曲呢？

小莹上小学二年级，一天老师布置了一份作业，要求学生用自己的方式表达对父母的爱。当天回到家后，小莹已经想到了一个好点子，就等着妈妈下班回来。

当妈妈推开家门的一瞬间，小莹一下冲了上去，唱起了歌："我的好妈妈，下班回到家，工作了一天多么辛苦啊！妈妈妈妈快坐下，妈妈妈妈快坐下，请喝一杯茶，让我亲亲您吧，让我亲亲您吧，我的好妈妈。"唱的时候，她还边帮妈妈提包，边把妈妈拉到了沙发前坐下，然后递上了一杯早已准备好的白开水。

最初，妈妈还一脸惊讶，但是后来灿烂的笑容马上洋溢在她的脸上，隐约还能看到一点泪花在眼眶里闪烁。

相信此时小莹的妈妈一定是幸福的，工作一天的辛苦早已抛到九霄云外，只感受着女儿的关心和家庭的温暖。

既然我们的歌声可以赶走父母一天的疲惫，给他们带来一丝温暖和安慰，那么，我们为何不让这种温暖常伴在父母的左右，借用这个机会表达对父母的一片情意呢？

如果我们从来没给爸爸妈妈唱过歌，没关系，现在唱还来得及，即使我们的歌喉不动听，甚至五音不全也不要紧，父母在意的是我们的一片真心。

第一，多听一些孝亲歌曲。

好歌曲听了之后会给人带来一丝安宁和平静，歌词内容也会给人一些启发。

因此，我们平时听歌的时候也要有选择性，像《跪羊图》《父亲》《母亲》《生命之河》《感恩一切》《推动摇篮的手》《妈妈的吻》《我的好妈妈》一类的歌曲流传很多年，经久不衰，更能激发我们的感恩之心。同时，像《听妈妈的话》《我想更懂你》《吉祥三宝》等一些流行歌曲也是歌颂亲情或者家庭的，也很适宜我们听。

第二，学一首孝亲歌曲，唱给父母听。

我们唱歌给父母听，目的是表达对他们的一片感激之情，但并不是所有的歌曲都能传递这样的信息。如果我们选择一些歌词内容不健康、曲调低迷、扰乱人们思绪或者不符合我们这个年龄段人听的歌曲唱给父母听的话，不仅不能感动他们，相反很可能会令他们多一些担心，担心我们被这些歌词误导了。

因此，在选择歌曲的时候，我们不要盲目追求时尚，要根据父母的口味进行选择，像以上提到的歌颂亲情和家庭的歌曲都可以。当学会一首孝亲歌曲之后，我们可以找一些轻松的时刻，比如，全家人一起聊天、家庭聚会等时刻，或者父亲节、母亲节、感恩节等特殊的日子唱给父母昕。

第三，将亲口唱的歌曲录下来，送给父母。

为父母唱一首孝亲歌曲，很容易使父母感受到一种亲情的温暖，也能使他们因为我们懂事了、长大了而感到欣慰，回忆起来也有一丝幸福感。如果我们能把这些歌曲亲口唱出来后，再录制下来，将成为他们永久的珍藏，幸福感也会因此更持久。

　　一个15岁的女孩儿在生日那天，为了表达对父母养育之恩的感谢，亲手送了一份特殊的礼物——一张CD给父母。早在一个月前，她就已经开始准备这份礼物了。为了准备这份礼物，她专门学了《跪羊图》《妈妈我爱你》《感恩的心》等10首歌曲，然后亲自演唱，并录了下来，刻成了CD。父母收到这份礼物后，非常感动。

这个女孩儿的礼物充满了新意，也表达出了对父母的感情。其实，这个方法并不难，我们只需要准备一张CD光盘或一盒废旧的磁带和一台刻录机或录音机，再加上我们的真心就可以了。

亲自为爸爸配一副老花镜

　　我姓黄，朋友们都亲切地叫我"眼镜"，因为我总是架着一副有着厚厚镜片的眼镜在鼻梁上。还在念小学的时候，我就患了近视。我的父亲是一名小学语文教师，在耳濡目染之下，我从小就读了不少原著经典。

　　那个时候的我，常常在枕头下面放一本厚厚的书。每天晚上，在母亲的催促声中假装上床睡觉，等灯灭了后，拿出一个手电筒又偷偷地看起书来。不良的阅读姿势最终促成了眼睛的过早近视。在那个年代，戴眼镜的人不多，一个班上甚至一个年级也就那么几个，并且一定会被当成一件稀奇事来看。而且，买一副眼镜也远远没有现在这样方便。如果生活在小城镇，得到市中心才能配到一副品质较好的眼镜，哪像如今大街小巷配眼镜的商铺越来越多，隔几家便是。

　　父亲为了不影响我的学习，带着我坐了好几个小时的汽车到了市里面，在最繁华的地段找了当时最好的一家眼镜店，为我配了一副价格不菲的眼镜。戴上之后，这个世界好像真的清晰了。只是每次一戴，就会被眼泪模糊了视野。因为当时的我，很不喜欢也不习惯周围的人叫我"眼镜"，所以，每天醒来戴上眼镜，自己就会先哭一场。或许，哭着哭着就习惯了，再加上后来戴眼镜的人越来越多，所以也就不觉得自己戴着眼镜在他人眼中有多么另类了。

可我常常对每天架在鼻梁上的眼镜有愧疚之意。我并没有按照父亲所期望的那样考上大学，中学毕业之后，也未能飞黄腾达。相反地，在众人眼中，我是一个很不起眼，也很平凡的一个人。平凡得如同空气中的尘埃，不值一提。父亲嘴上虽然不说什么，但我也明白他心里的感受。

现在，我也是有老婆孩子的人了，而我的父亲也是年过八旬的老人了。这年回家，发现父亲看东西不怎么行了，年纪大了，患了远视。说来也奇怪，我眼睛不好，可父亲的视力在年老前一直都很好。父亲现在看书报之类的都要把它们举得远远的，阅读非常吃力。

再过几天就是父亲的生日了，这回，我领着父亲到了镇上最好的一家眼镜连锁店，为他配了一副漂亮的老花镜。我对父亲说："爸！长这么大，我实在是有愧于您当年为我配的那副眼镜，几十岁了，最后还是一事无成。"父亲戴着老花镜，手持报纸，听我讲完这番话，说："孩子，每个人有每个人的人生，这么多年来，爸爸并没有责怪你的意思，我知道你也很努力。其实，认真做人，做一个顶天立地对得起天地良心的人就是父亲对你的最高期望！"听完，我再一次哭了，泪水模糊了视线。原来，父亲要的其实就是这么简单。我摘下眼镜，擦干眼角的泪，笑着紧紧地抱着父亲。

——一位 45 岁的民间中医

小的时候，父母带着我们去配眼镜；等我们长大了，父母变老了的时候，该轮到我们为年事已高的父母配一副老花镜了。父母对子女的爱，常常是纯粹且干净的。父母对于子女的期望，有时候简单得犹如一杯白开水，清澈干净，内涵丰富。

随妈妈一同八卦身边的琐事

　　小学三年级的时候，老师开始叫大家每天写一篇日记，每星期交一次。那时的日记，大多记录着与学习、生活有关的一些琐事，还有很多存在逻辑问题的话语。比如：早晨，我6点钟就起床了，然后拿着书在窗台上大声朗读。由于我读得太认真、太投入了，所以，连外面汽车开过的喇叭声都没有听见。关于晨读的日记，每周都要写上一篇。至于上面的这段描述，后来被老师批注不符合逻辑。于是，我果断地在下一篇以晨读为话题的日记当中重新写道："又是一个阳光明媚的早晨，我早早地起床，拿着语文课本，大声地朗读了起来，因为读得太专心了，到8点钟了我都不知道。"

　　那些需要交给老师的日记，都是可以公开的。当我有了自己的一些小心思以后，我拿着过年的压岁钱，买了一个带锁的精致的日记本，至今仍记得封面上画满了紫色的碎花。上面记录了许多我当时内心的真实感受，比如对某个好友的看法，还有一天当中情绪的起伏，当然还有被自己视为绝对隐私的，对班上某个男生的暗恋。

那个时候，年纪虽小，情感倒很丰富，总觉得有一把锁就会是一种保险。于是，放心大胆地在里面尽情述说心事。那本带锁的日记，被我藏到了卧室中的书柜里，上面还放置着其他跟学习有关的书籍进行掩护。放学回家，吃完晚饭，除了跟爸爸妈妈坐在客厅的沙发上看上一会儿新闻之外，其余时间都是一个人在房间里面待着。待久了，难免被人怀疑。妈妈曾不止一次进行过突袭，好在每次我都反应迅速，化险为夷。

自己的那点小心思、小情感，不再跟妈妈进行交流，总是一个人藏在心里面，或者是写在纸上。妈妈总是在一旁很急切地想知道我的思想状态，但是，她越是企图去了解，我就越是不想让她知道。至于妈妈当时心里的感受，直到我自己做了母亲之后才有切身体会。我的女儿和我小时候在行为方式以及情感方面有许多的相似之处，也是喜欢写写东西。把自己关在屋子里面，隐藏自己的心事。我也曾试图走进她的心，希望了解她的状况，特别是当她在最近一次无故离家出走以后。然而，我越是想靠近，发现她越是抗拒。为此，我不得不向妈妈请教。最后，妈妈给我出了个主意，听后感觉不错，遂决定实施。

第二天，我领着女儿，到商场里面给她挑了几件衣服，然后又去吃了她平时最喜欢吃的肯德基，目的只有一个，就是把她哄高兴了。回去的路上，我拉着女儿的手说"晚上和妈妈一起睡吧，好吗?"女儿用一种异样的眼光看着我，似乎不太情愿，但还是点了点头。

晚上，我跑到女儿的房间，和她睡在一起。关灯之后，我开始有一句没一句地找女儿说话。起初，我问一句，她答一句。慢慢地，女儿的话多了起来，或许在黑暗当中，人更愿意向他人倾诉，表达自己的情感。这也是我妈妈教我的。听完女儿的话，我终于懂得了一些她的心思。待她睡着以后，我突然想，同样身为女儿的我，何曾向妈妈袒露过我的心声，我总表现出一副你不会了解的姿态。可说到底，是我不愿给别人机会让人了解。

同妈妈聊一下身边的八卦琐事，其实并不难，难的是我们有没有那份心。

——一位34岁老师

妈妈不仅是赐予我们生命的那个人，更是对我们倾注无私的爱的那个人。 她们急于关心我们的一切，情感或者生活。 把妈妈当身边的闺蜜，向她们诉说生活中的八卦琐事，她们会很高兴的。

在昏黄的路灯下同聊往昔

外婆的家在一个不大不小的院子里，这院子是公用的。院子里总共住着四户人家，好些一住就住了一辈子。所以，周围的邻居变得跟自己的家人一般亲切。你看着我的孩子长大，我参加你们家儿子的婚礼，彼此见证着家庭中的悲欢离合，有喜、有乐，有怒、有哀。套用外婆常挂在嘴边的一句话：人生就是一场戏，个中辛酸，各自体会。

妈妈是在这个院子里面长大的，同妈妈一起成长的除了家里的舅舅，就是隔壁张奶奶家的闺女了。她们属于同一个时代出生的人，所以，比起院中别的小孩儿来，能有更多的共同话题聊。

如今，这院子早就没有了当年的温馨。老一辈的一个个离去，新一辈的又都纷纷在城里买了房，剩下的不是在此打工租房的陌生人，就是尚且活着的老人们。

这院子不属于封闭型的，从外婆家的门口穿出去可以到达一个池塘。池塘的那边，又有个院子。不过那可是一个大院儿啊，里面住的人多，一直都很热闹。特别是早些年电视机刚出来的时候，大院儿里最富有的那户，大方地把电视机搬到院中供整个院的人看。大家说说笑笑，嗑着瓜子，吹着牛，拿着蒲扇，电视剧的声音，伴着池塘中不时响起的蛙声，别提多幸福了。

当然，这是夏天时候的景象，到了冬天又是另外一番情景。晚上天一黑，大家各自关门，洗脚上床睡觉。屋内，热气腾腾的洗脚水和炉灶中忽明忽暗的火，还有昏昏欲睡的人儿有一句没一句的谈话声。屋外，一片凄冷寂静。不过，此时从电线杆上面投下来的昏黄的灯光，倒是给这寒冷的冬夜增添了几许暖意。

自从外婆住的院子里的人员关系发生变动以后，妈妈便把外婆接到了我们家住。外婆家的房子，就此闲置了下来。这天正好说起回那屋拿什么东西，我二话不说地跟着妈妈回去了一趟，因为我也想念那里了。那里不仅仅是妈妈成长的家，也是我儿时常待的地方。小的时候，因为妈妈爸爸工作忙，常把我丢给外婆帮忙照看。因此，我跟外婆也是有着很深厚的感情。

那天去的时候已是下午四五点钟，找东西花了点儿时间，等把一切弄好，夜已来袭，路灯缓缓亮起。本来我们都已准备离开，但看着这夜、这灯光，妈妈突然拉着我的手，说："不如，我们在门口坐着聊聊天吧，好久都没回来了，也好久都没有和你聊天了。"最后，我们母女俩坐在门口的石凳上，聊起了往日那段岁月……

——一位 27 岁小学语文老师

　　每个人都会有属于自己的那段记忆，记忆当中的人和事，或美好，或悲伤，不管怎样，都弥足珍贵，难以忘怀。同爸爸妈妈一起聊往昔。 是一件快乐的事情，听听他们的童年，再听听他们讲述你的童年趣事。

经常跟父母说说自己的心里话

记不记得小时候，我们每天和小朋友一起玩耍之后，回到家第一件事就是向妈妈汇报自己的玩耍情况，也许出去玩一会儿就哭着回来了：

"妈妈，兵兵抢我玩具……"从幼儿园回来，也总是叽叽喳喳地说个不停：老师都教了哪些儿歌，自己又学会了一个舞蹈，小朋友特别可爱；上小学了，就会觉得特别新鲜，又有了更多的新同学，回到家就会告诉妈妈"我又有新朋友了"，"同桌总是流鼻涕，我们叫她'鼻涕妞'"………

那时候的我们总是和父母有说不完的话，甚至在吃饭的时候也停不下来，父母总是提醒我们说：

"吃饱饭再说话好吗？"但我们就是忍不住，高兴的事、伤心的事，都要告诉父母。

可是，不知从什么时候开始，我们和父母之间的话慢慢变少了，渐渐地开始喜欢用写日记的方式吐露自己的心声，或者把知心的话告诉同学、好友，却唯独不愿意告诉父母了。

郑磊今年 15 岁了，从 12 岁开始他就被父母送去外地一所重点中学上学，很少有时间在家。刚开始，因为不习惯新环境，郑磊还会经常打电话回家。但是，慢慢地他给家里打电话的次数越来越少，即使放假回家和父母的话也变少了。

他不再经常和父母提起自己在学校的学习或生活情况，甚至连父母问起时，他也是不耐烦地敷衍几句。每当他放假的时候，父母都因为一家人能够团圆而感到高兴，常常是变着花样地给郑磊做可口的饭菜。但令父母失望的是，郑磊每次回来不是忙着和同学聚会，就是把自己关在房间里玩电脑，根本不想坐下来和父母好好说会儿话。

现在，父母一提起他就禁不住摇摇头说："我们和儿子已经成了最熟悉的陌生人了。"

事实上，像郑磊这样的情况，在青少年中屡见不鲜。我们常常觉得自己已经长大了，不再愿意听父母的唠叨，甚至父母多叮嘱一句都嫌啰唆。但在父母的眼里，我们却永远都是孩子。

但是我们有没有注意过，当我们偶尔和父母说一件令自己不开心的事情时，他们往往比我们更难过，会千方百计地来帮助我们，为我们排忧解难；当我们无意中和父母说起一件高兴的事情时，他们会顿时眉开眼笑，甚至比我们还高兴……

可有些时候，自私的我们却常常以和父母没有共同语言为理由，拒绝将心事说给父母听。连父母主动想和我们交谈时，我们都要刻意回避。这样不仅会造成彼此之间的隔阂，更会伤了父母的心。

不要认为自己已经长大了，学了许多新知识，很有思想，对于父母的话就不屑一顾。若是一颗心高傲到连父母都不放在眼里，不能不说这是一种人性的悲剧，就如一棵大树忘记了自己的根，却妄图自己的未来能够更加枝繁叶茂，其结果可想而知。

父母赐予我们生命，哺育我们成长，面对对我们恩重如山的父母，难道还有什么话是需要遮遮掩掩，不能畅言的吗？

第一，与父母分享自己的喜悦。

每个人的生活都是喜忧参半的，但父母还是会希望孩子的生活中能有更多的快乐。每当听说孩子在生活或学习中有所收获时，他们都会格外高兴，甚至抑制不住内心的喜悦，要去告诉亲朋好友。

所以，当我们学习有了进步，或者是遇到什么开心的事情时，一定要记得和父母说说。孝顺父母不一定是要送给父母什么东西，让他们开心、快乐也是尽孝的一种方式。

第二，把自己的烦恼告诉父母。

在成长的过程中，我们也常常会遇到一些让自己不开心的事情，也许我们会习惯于向朋友倾诉，觉得同龄人之间比较容易沟通，但沟通不等于可以解决问题。

《增广贤文》中说："欲知三岔路，须问去来人。"意思是说，人在遇到问题的时候，最好向过来人请教，因为他们比较有人生经验。

14 岁的云灵在看了某环保节目之后，每天放学后都会在放学路上将沿途的垃圾捡起来丢进垃圾桶，连一个烟蒂都不放过。可是，她的行为却受到了某些同学的嘲笑。

　　虽然云灵觉得自己没有做错，但却因为同学们的嘲笑而感到烦恼。她向好友倾诉了自己的苦恼，好友劝她说："其实我觉得你没有必要天天捡垃圾，毕竟乱丢垃圾的人太多了，靠你一个人的力量是起不了多大作用的。"听了好友的"劝告"，云灵还是觉得不甘心，她仍然认为自己的做法是对的，应该坚持下去，可是又该如何面对同学的不理解呢？

　　于是，她把自己的苦恼告诉了妈妈，妈妈说："孩子，我认为你的做法是正确的，只有每个人都树立起环保意识，才能让我们的环境变得越来越好。"云灵说："可是，同学们却不理解我，我应该怎样和他们解释呢？""很多时候，一个人只要知道自己做的事情是对的就可以了，可以不必过多解释。有句话说，'理解你的人不需要向他解释，不理解你的人更不必向他解释。'"妈妈平静地说。

　　"不理解你的人更不必向他解释……妈妈您说得太对了！"云灵的心里豁然开朗。从此以后，无论遇到什么事情，她都喜欢和妈妈说说，而妈妈也经常能帮云灵解开心中的结。

无论如何，父母的人生经验和智慧都是要比我们多得多，所以中国才有句俗语叫作"不听老人言，吃亏在眼前"。遇事多问问父母，就能少走许多弯路，而且父母也很乐于帮我们。

第三，闲暇时多和父母聊聊天。

和父母说说心里话并不一定要说多重要的事情，凡是自己平时心里所想的，或者所见所闻有趣的事，都可以和父母说说。只有经常进行沟通，才能促进亲子感情，父母也才会对我们感到更加放心。

第四，听听父母的心里话。

父母平时会想些什么？他们会为怎样的事情而开心？又会为什么而烦恼？你是否了解自己的父母呢？不如去听听父母的心声，学会倾听也是与人沟通的一种方式，而且会倾听的人总能从别人的言谈中捕捉许多有用的信息。

比如，我们可以在听父母说话的过程中，了解父母的喜好和心愿。经常听父母说说心里话，不但有助于让父母排解压力，还能增进我们和父母之间的感情。